Gisela Weise
Weihnachten 1983

Dr. theol. Otto Riecker

Bildung und Heiliger Geist

Hänssler-Verlag
Neuhausen-Stuttgart

ISBN 3 7751 0142-X

TELOS-Paperback Nr. 1045

Umschlaggestaltung Daniel Dolmetsch
Herstellung:
St.-Johannis-Druckerei C. Schweickhardt
763 Lahr-Dinglingen
Printed in Germany 13417/1974

Inhalt

Vorwort

Hier wird eine Arbeit geboten, die aus Erfahrung heraus gewachsen ist. Der Verfasser kam durch seine langjährigen Studien auf evangelistischem Gebiet und durch seine Missions- und Lehrtätigkeit zu ganz anderen Ergebnissen über die richtige Art, Theologie zu treiben und allgemein den geistigen Werten in Bildung und Kultur ihre Stellung zu geben, als es der gewöhnlichen Sicht und Übung entspricht. Eine grundsätzliche Klärung des richtigen Verhältnisses von geistigem und geistlichem Leben war notwendig. Sie geschah unter Gebet und Flehen um den hierin führenden und gestaltenden Heiligen Geist.

Manches Ungewohnte mußte zugespitzt gesagt werden, um die Tyrannei des gewohnten wissenschaftlichen Denkens zu durchbrechen. Manche Frage mußte offen bleiben. Aber gewiß ist, daß die überlieferte Art, Theologie zu treiben und christlich zu leben, dringend einer geistlich-realen Beurteilung bedarf. In welche Richtung weist uns Gottes Geist und der Geist der Bibel auf dem Gebiet des geistigen Lebens? Sind wir nicht dem griechischen Geist verfallen? Und greift dieser Prozeß nicht tiefer und weiter, als wir alle meinen?

Nur die Erfahrung einer Erweckung und des von ihr getragenen geistigen und geistlichen Lebens konnte hier die Dinge klar und deutlich sehen lehren. Diese Schau wird hier geboten. Wir glauben damit einem Auftrag zu folgen.

Die Ausführungen entstammen einer Darbietung, die vor den jungen Menschen eines Seminars gegeben wurden. Sie sind geboren aus der Realität einer Lebensgemeinschaft. Sie wurden für dieses Buch neu gestaltet, erarbeitet, im geschichtlichen Bereich erweitert und von theologischen Freunden durchgesehen. Die Grundlage aber blieb die lebendige Mitteilung an den eigenen angestammten Kreis — dessen Frucht sie letztlich sind.

A. Geistiges und geistliches Leben

I. Die Aktualität des Themas

An unserer Bibelschule wurde die Frage nach dem Unterschied und dem Verhältnis von geistigem und geistlichem Leben gestellt. Wir verstehen unter dem geistigen Leben die natürliche, seelische Gesamtgegebenheit, die geistige Arbeit und Tätigkeit. Das geistliche Leben hat sein Merkmal vom Heiligen Geist, ist von ihm gewirkt und getragen. Wie verhalten sich beide zueinander?

An jeder Ausbildungsstätte ist dieses Thema besonders aktuell. Auch wir befinden uns mitten in einer geistigen und doch auch wieder geistlichen Betätigung, und die richtige Zuordnung zueinander ist eine Lebensfrage jeder derartigen Schule. Wenn hierin die Sache schief liegt und nicht richtig läuft, ist das Gedeihen in Frage gestellt, die geistliche Fruchtbarkeit abgedrosselt.

Unsere *theologischen Fakultäten* haben hier ihre Kernfrage. Sie sollen als Glied der Universität am geistigen Leben der Nation und der Zeit in starkem Maße Anteil nehmen und dieses Leben bewältigen und mitbestimmen. Aus der Geschichte der Theologie ergibt sich, daß die richtige Gestaltung und Zuordnung dieser beiden Lebensbereiche, das Ineinander, aber auch wieder die trennende Respektierung ihrer Eigenart eine Lebensfrage theologischer Arbeit ist. Die gegenwärtige Krise rührt wesentlich daher, daß in Deutschland offensichtlich die Bewertung der geistigen Leistung seit der Scholastik über die Orthodoxie bis heute allzu groß war und demgegenüber das geistliche Leben, auch der charismatische Untergrund jeder geistigen Arbeit unterbewertet und darum auch unsachlich behandelt wurde. Auf dem Gebiet des Glaubens jedoch ist das geistliche Leben das tragende und nicht das geistige.

II. Die Überbewertung der geistigen Leistung

Die moderne Entwicklung ist dadurch gekennzeichnet, daß die *wissenschaftliche Arbeit,* besonders die naturwissenschaftliche, unsere Existenz überhaupt erst ermöglicht. Die ungeheure zahlenmäßige Zunahme des Menschengeschlechtes wäre gar nicht möglich ohne laufend neue wissenschaftliche Fortschritte in Industrie und Ernährungswesen. So ist sich auch der einfache Mensch dessen bewußt, daß hier etwas Entscheidendes geschieht.

Deshalb ist ein ungemessener Respekt vor der denkmäßigen geistigen Leistung weit verbreitet. Im Unterschied zu dieser heute immer mehr kultivierten und notwendigen geistigen Tätigkeit wird Handarbeit zunehmend weniger geachtet. Ein Ausdruck dessen ist die hohe Einstufung der wissenschaftlichen Menschen, der Professoren, der Techniker, der Fachleute. Ihnen wird eine sehr große Hochschätzung zuteil, und manchmal schätzen sie sich auch selbst viel zu hoch ein.

Das *Neue Testament* ist nicht in der Linie ausgerichtet, wie sie das heutige Zeitalter vollzieht. Wir haben Stellen wie 1. Korinther 1—3 und Matthäus 11, 25—27: Es scheint etwas merkwürdig zu sein, wenn Paulus sagt: „Nicht viel Weise nach dem Fleisch", d. h. nach den üblichen Begriffen, „sind berufen, sondern was töricht ist in den Augen der Welt, hat Gott herausgesucht." „Gott hat die Weisheit dieser Welt zur Torheit gemacht, damit durch seine göttliche Weisheit Menschen gerettet würden" (1. Kor. 1, 20 f.). Paulus spricht hier ausdrücklich von der philosophischen Weisheit der Griechen (1. Kor. 1, 22). Er setzt sich ja im 1. Korintherbrief mit ihr auseinander, und auch Jesus sagt (Matth. 11, 25): „Du hast es den Weisen und Klugen verborgen und den Unmündigen enthüllt." Wir werden noch näher sehen, welchen sachlichen Grund diese Stellungnahme der Bibel hat. Wir sind davon überzeugt, daß Gottes Offenbarung recht hat und uns gerade in unserem wissenschaftlichen Zeitalter darin einen großen Dienst tun kann, diese Dinge richtig zu ordnen, ihnen die zutreffende Bewertung zu geben und sie gegenseitig ins rechte Verhältnis zu setzen. — Die Tatsache besteht, daß es ein geistiges und ein geistliches Leben gibt. Es wäre nicht damit getan, etwa eines von ihnen streichen zu wollen. Sie sind eine Realität, und die Frage ist nun die, wie sie sich gegenseitig richtig verhalten.

B. Begriff und Bereiche des geistigen Lebens

I. Das allgemeine kulturelle Leben

Dieses ist weithin gleichbedeutend mit dem geistigen Leben überhaupt. Es ist die Welt der Bildung.

Seine Einzelbereiche sind:

1. *Die Wissenschaft* in ihren beiden Hauptgebieten: Geistes- und Naturwissenschaften. Diese sind die Tätigkeiten, mit denen der Mensch das enorm angewachsene Leben der Gegenwart bewältigt. Die Geschichtswissenschaft lehrt uns als Teil der Geisteswissenschaften aus der Vergangenheit die Gegenwart und Zukunft zu gestalten. Philosophie und Sprachenkunde, auf der anderen Seite der Wissenschaften die Medizin, die technischen Wissenschaften und die Erforschung der Grundgesetze der Natur sind Hochleistungen des menschlichen Geistes. Sie haben sich so differenziert, daß oft nur noch Teams die Einzelgebiete in der Weise bewältigen können, daß jeder sein Teil an Kenntnissen beiträgt.

2. *Die künstlerische Betätigung* ist ein eminentes geistiges Ereignis. Häufig wird unter geistigem Leben im engeren Sinn die Literatur verstanden. Sie umfaßt die Dichtung und Schriftstellerei bis hin zum Zeitungs- und Pressewesen. Hier werden geistige Gehalte zum Ausdruck gebracht, verarbeitet und weiterführend behandelt. Theater und Schauspielkunst, Film und Fernsehen stellen das Leben in seiner Dramatik und oft auch Tragik möglichst lebensnah dar.

Die bildende Kunst in Malerei, Bildhauerei und Baukunst und das weite Gebiet der Musik sind das, was in starkem Maße die gebildeten Menschen befriedigt und in Atem hält. In ihren Augen das eigentlich Menschenwürdige.

3. *Das gesellschaftliche Leben* auf den Gebieten der Politik und Soziologie ist die Form, wie der Mensch das Zusammenleben

gestaltet. Hier geschieht heute bei der zunehmenden Masse der Menschheit eine sehr wichtige Bewältigungsarbeit bis hin zum teilweise fanatischen Einsatz für die Umgestaltung der Dinge. Dieser kulturelle Bereich tritt in der Gegenwart sehr stark in den Vordergrund. Er beherrscht insbesondere das persönliche Interesse der Jugend. Sie will eben nicht nur vegetieren, sondern geistige Leistungen schöpferischer, vorwärtsdrängender Art vollbringen, und dafür hat sie sich gerade auf diesem Feld eingesetzt.

II. Das geistige Leben als geschöpfliches Leben

1. Die eben umrissenen Bezirke zusammen mit anderen, nicht erwähnten, gehören zu Gottes großartiger *Schöpfung*. Der Mensch ist ja das Ebenbild Gottes; in diesen Leistungen des Menschengeistes wird ein Stück göttlicher Schöpfungskraft offenkundig. Sie ist ein Wunder. Der Computer mit seiner fast momentanen Allwissenheit kann uns in diesem Sinne wohl ein technisch verkürztes, aber doch ein verständliches Abbild der göttlichen Allwissenheit sein, von uns geschickt geschaffen und programmiert. Hier und an anderer Stelle hat sich der Menschengeist in seiner Beauftragung von Gott als schöpferische Potenz ersten Ranges erwiesen und genießt deshalb auch den entsprechenden Respekt des Menschengeschlechtes. Das ist an sich noch nicht falsch oder schlecht. Es heißt in 1. Mose 1, 28: „Macht euch die Erde untertan!“ In diesem Wort ist die umfassende schöpferische, geistige Leistung, überhaupt die ganze Kultur der Menschheit bis hin zur Landbebauung, -bewässerung und all diesen Dingen inbegriffen.

2. Der Mensch hat damit eine *einzigartige Stellung* innerhalb der Schöpfung, etwa gegenüber den Tieren, bekommen. Ein solches empfindet und denkt zwar viel mehr, als wir Menschen ihm zutrauen, aber es kann nicht schöpferisch denken, etwa nicht rechnen; irgendwelche komplizierten Gedankengänge vermag es nicht nacheinander oder gar gleichzeitig zu vollziehen. Dies ist uns Menschen vorbehalten und ist eine eigenartige Würde, deren ich mir oft bewußt bin. Haben Sie Gott schon dafür gedankt,

daß Sie denken können, daß Sie fühlen und erkennen können? Haben Sie schon gedankt dafür, daß Sie beten können, daß Sie qualifizierte geistige Arbeit leisten können? Als Schlatter starb, sagte meine Mutter: „Schade um diesen Mann und um sein Gehirn, was hat er alles gewußt!“ Sie hat gesehen, was ihm als Geschöpf Gottes anvertraut war.

3. Die seelischen Bereiche und Fähigkeiten

Nach der Psychologie spielt sich das seelische Leben in folgenden Teilbereichen ab: Im Denken, in der Anschauung (Phantasie), im Fühlen und im Wollen. Im Denken vollziehen wir die rationalen Schlüsse; in der Phantasie schauen wir die Begebenheiten voraus, die sich noch ereignen sollen; im Fühlen und Empfinden, gerade in der Kunst, erschließt sich uns eine Welt, die auf viele Menschen erhebend und majestätisch wirkt; im Wollen schaffen wir die Zeitgeschichte, in Technik und Politik setzen und erreichen wir unsere Ziele. Diese Haupttätigkeiten wirken einheitlich zusammen und machen das psychische, seelische Leben aus (so fassen wir das Wort „seelisch“ im Unterschied zu der „Seele“ als religiösem Begriff). Der rechte und ausgeglichene Gebrauch dieser Fähigkeiten, ohne daß eine von ihnen eine andere beherrscht, macht ein Leben fruchtbar und ist auch für Christen notwendig; wir können ohne diese Gaben, die Gott uns gegeben hat, nicht für den Herrn arbeiten. Sie sind unsere Werkzeuge, die wir in geeigneter Weise gebrauchen sollen.

III. Das geistige Interesse

1. Es gibt Menschen mit besonderen geistigen Fähigkeiten und Anlagen, Menschen, die von Haus aus, sozusagen von Geburt her, *an geistigen Werten interessiert* sind. Ich möchte fast sagen, im allgemeinen sind die meisten Lebenden in diesem Sinn keine ausgesprochen geistigen Menschen; sie sind mehr Leute des Alltags mit durchschnittlichem Gebrauch der angegebenen seelischen Bereiche. Geistige Werte suchen ist nicht jedermanns Ding. Es gibt im Extrem auf der einen Seite ganz stupide, gleichgültige, teilnahmslose Menschen, die überhaupt keinerlei Interessen ha-

ben. Und es gibt im anderen Extrem geistig besonders interessierte Personen. Dies rührt von Vererbung und Erziehung her, was wir in allen Gesellschaftsschichten finden. Ein sehr befähigter Mann erzählte mir, daß sein Vater und sein Großvater in ihrem Rahmen genau so interessierte Leute waren, wie er selbst, und politisch für die Arbeiter eintraten. Diese Eigenschaft ist oft vererbt. Wenn Vater und Mutter beide intelligente, willensstarke Menschen sind, ist zu erwarten, daß auch das Kind — noch ausgeprägter als sie — diese Eigenart mitbekommt und darin das eigentliche Erbe hat. Besitz schwindet dahin. Aus diesen Gründen rückt neuerdings in allen Staaten die Begabtenförderung sehr in den Vordergrund. Hier ist die eigentliche Substanz, mit der eine Nation arbeiten kann.

2. Durch Erziehung und *Betätigung* können diese geistigen Anlagen verstärkt werden. Wie ein Musiker damit lebt oder stirbt, daß er Musik betreibt, und wie ein Dichter dichten muß, wenn er ein wirklicher Dichter ist, so haben auch diese geistig interessierten Menschen gegenüber der Mehrzahl der anderen ein natürliches Verlangen, ihre Gaben zu gebrauchen. Alle unsere Veranlagungen drängen nach Tätigkeit. Sie können sich erst durch die Betätigung richtig entwickeln. Sie verkümmern oder gehen gar zu Grunde, wenn sie sich nicht entfalten können.

3. Es handelt sich hier demnach im Vergleich mit anderen Menschen um eine *spezielle geschöpfliche Gabe*. Es gibt im großen Haushalt Gottes natürliche und geistliche Gaben, welche die einen für sich als spezielles Geschenk Gottes haben dürfen und die den andern in diesem Maße nicht zuteil wurden. Sowohl die natürlichen wie auch die geistlichen, vom Heiligen Geist gewirkten Gaben sollen dazu dienen, daß die Gesamtheit der Menschen und auch die der Gemeinde in ihrer Existenz, in ihrer Lebensmöglichkeit bereichert wird. Sie sind ein Beitrag zum Lebensganzen. Die Veranlagungen und die Charaktere sind sehr verschieden. Nicht alle etwa können dichten; es sind oft nur wenige auserwählte Menschen, die den andern das Geschenk eines Gedichtbandes oder einer Erzählung machen können, etwas, was nur ihnen möglich ist, und dies zum Nutzen der anderen. Wie auch Paulus (1. Kor. 12, 7) von den geistlichen Gaben sagt: „Sie sind uns gegeben zum Nutzen der Gesamtheit."

4. Es gibt *Spitzenveranlagungen*, die das besonders deutlich machen: etwa die Künstler in der bildenden oder dichterisch-schreibenden Kunst bis hin zu den Presseleuten. In allen Lebensbereichen sind Menschen mit solchen geistigen Befähigungen zu finden. Wir haben hierfür an den berühmten Künstlern deutliche Beispiele, ebenso bei den großen Wissenschaftlern: Dr. Koch, der als gewöhnlicher Arzt den Tuberkelbazillus entdeckt hat, oder Einstein, welcher die Relativitätstheorie aufstellte, oder die Männer, die die Atomspaltung entdeckten und der ganzen eigenen Epoche das Gesicht gaben. Wir sehen, daß es auf dem geistigen Feld besonders hervorragende Befähigungen gibt, einschließlich der Politik. Die großen Machtmenschen haben immer ihr Zeitalter bestimmt, weil sie eine außergewöhnliche Fähigkeit besaßen, — teilweise auch eine verzerrte, wie etwa Hitler, die eine ganze Mitwelt in den Abgrund gerissen haben; sie waren geistige Unholde großen Formates.

5. Die meisten *Gebildeten* sind in gewissem Maße schon von Natur aus geistig befähigt und interessiert. Der gebildete Mensch hatte dazu noch den Vorzug, daß er seine höhere Schulbildung bekam, daß ihm die öffentlichen Bildungsanstalten zur Verfügung standen und er damit eine Schulung seines geistigen Lebens erfuhr, die die Schüler oft nicht zu würdigen wissen, die man aber in späterem Alter um so mehr schätzt. Ich weiß, was ich dem Gymnasium in Pforzheim an Sprachwissen, logischer Kraft und geschichtlichen Kenntnissen zu verdanken habe. — Für solche ausgebildeten Leute liegen natürlich die geistigen Interessen näher als bei Menschen, die nie die Gelegenheit hatten (oder sie nicht nutzten), sich mit solchen Werten zu befassen.

Man kann voraussetzen, daß die meisten in diesem Sinn besser Ausgebildeten durchschnittlich doch mehr Interesse haben für öffentliche Fragen, für gemeinsame Verantwortung, für literarische Angelegenheiten und Vorgänge, als das sogenannte einfache Volk. Es muß das Bestreben aller Regierungen sein, allen Volksschichten die höhere Bildung zugänglich zu machen, die früher nur verhältnismäßig wenigen möglich war. Allerdings können auch die sogenannten Gebildeten dieses geistige Leben häufig wenig betätigen. Durch Berufsbeanspruchung, durch Geldmangel, durch Familiennöte und andere Umstände ist auch für sie diese schöne Welt oft nur in der Theorie vorhanden. Immerhin ist dadurch aber doch im ganzen Leben eine Horizonterweiterung gegeben, die ein großer Vorzug ist. Materieller Besitz ist zwar nicht ohne Bedeutung, aber für die Vielschichtigkeit der menschlichen Person ist Bildung von größerem Wert.

6. Alle verantwortlich tätigen Christen sollten sich auch geistig interessieren und nicht gleichgültig sein. Sie sollen ihre Fähigkeiten bewußt weiterentwickeln, weil diese im Rahmen des gesamten Gemeindelebens der Jesusjünger und der Kirche zur Führung notwendig sind. Deshalb gibt es auch die Möglichkeit einer mehrjährigen Ausbildung. Eine solche Zeit ist ein großes Vorrecht gegenüber vielen, denen es nicht möglich ist oder die es nicht wagen, eine derartige Schulung mitzumachen. Insgesamt sollten wir als Christen alle mit offenen Augen durchs Leben gehen, bis ins hohe Alter; ich mache mir meine eigenen Gedanken über alles und hänge mich nicht nur an das, was die Zeitung und sonst jemand für gut hält. Diese selbständige geistige Beurteilung der Dinge ist im Dienst für Gott laufend wichtig. Sie geschieht, indem wir unsere Schlüsse ziehen und sie mit Hilfe der Bibel immer neu *auf die Gegenwart* anwenden.

C. Der geistige und der geistliche Mensch

I. Immanenz und Transzedenz

1. Die bisher genannten Fähigkeiten des Menschen sind die ihm innewohnenden, *immanenten.* Unter immanent versteht man ein Leben, das auf diese Tätigkeiten beschränkt ist, sich in rein menschlichen Möglichkeiten erschöpft. Man kann es mit einer Zirkusmanege vergleichen, in der sich die Pferde immer im Kreis bewegen und diesen Boden und Bezirk nie verlassen. So ist der immanente, der auf sich, auf seine geistigen Fähigkeiten beschränkte Mensch.

2. Der geistliche Mensch hat den Ursprung bei Gott in der „Transzendenz". *Transzendent* ist alles, was unseren gewohnten irdischen Lebensbereich überschreitet, sich wohl in ihm auswirkt, aber doch von ganz anderer Herkunft ist. Sein Ausgangspunkt liegt in der Gotteswelt. Der Christ empfängt die Anstöße, die sein Leben lenken, aus dieser anderen Welt außerhalb von sich selbst und unterscheidet sich dadurch grundlegend von dem immanenten Menschen, der nur die gewohnten irdischen Lebensbereiche, und seien es selbst die der höchsten Kultur, kennt. Auch das kulturelle Leben des Jüngers ist ein anderes als das des rein psychischen, dem seelischen Leben allein überantworteten Menschen. Wir kommen hier auf eine wichtige Unterscheidung.

II. Die biblische Offenbarung über den psychischen und pneumatischen Menschen

Paulus unterscheidet 1. Korinther 2, 12—16 den (nach Luther) „natürlichen", (nach dem Grundtext) „psychischen" Menschen von dem „geistlichen", „pneumatischen". Der psychische Mensch ist der einmal geborene, mit seinen geistigen Fähigkeiten auf die Welt gekommene Mensch. Der pneumatische ist der zweimal geborene, der von oben durch Wiedergeburt zu einem neuen ewigkeitlichen Leben geborene Mensch. Durch die Bekehrung oder Wiedergeburt wird man eine „neue Kreatur", ein neues Geschöpf (2. Kor. 5, 17). Durch den Empfang des Heiligen Geistes bei der Wiedergeburt wird dieser „neue Mensch" geistlich bestimmt, ein geistlicher Mensch, ein Eigentum Gottes, von Gott geboren (Joh. 1, 13). Das ist nicht eine überholte intolerante, vielleicht jüdische oder auch mystische Unterscheidung der Bibel, sondern dies ist ein Tatbestand, der sich bei unzähligen Menschen bis heute genau erfüllt hat, und jeder, bei dem sich diese große Wandlung vollzogen hat, weiß davon zu berichten.

III. Geistige, psysische Menschen

Auch kluge, geistige Menschen, die nicht wiedergeboren sind, bleiben in ihrem Denken und Leben ganz immanent, beschränkt auf die gegebene, rein irdische Wirklichkeit. Dies ist der Fall, auch wenn Gott immer wieder in ihr Leben hineinwirkt und aus ihrer christlichen Umgebung stets neu bewußte und unbewußte Einflüsse in ihren Raum hereinspielen und ihr Denken mitbestimmen. Wir alle, auch die Naturwissenschaftler, sind im christlichen Abendland von unserer jahrtausendealten Tradition, von unserer Herkunft mehr geprägt, als wir glauben. Ob es sich nun um einen ganz abseitsstehenden oder um einen mehr kirchlich denkenden Menschen handelt, immer ist für ihn die entscheidende Frage, ob er wiedergeboren ist und damit in der Leitung des Geistes Gottes steht, ob der Herr also grundsätzlich in seinem Leben wirken kann. Dies bedeutet, daß dann in dem Sinne „Offenbarung" an ihm geschieht, wie sie in einzigartiger Weise an den alten Propheten erfolgte und wie sie auch an die Apostel eine Mitteilung Gottes aus der anderen Welt, aus der Transzendenz darstellte. Solche Menschen leben eigentlich ihr Leben, wie Paulus (Phil. 3, 20) sagt, vom Himmel her: „Unsere Bürgerschaft ist im Himmel, von woher wir auch den Herrn Jesus erwarten." Der geistliche Mensch (S. 28 f.) hat nicht nur seine Heimat und seine Herkunft im Himmel, sondern sein Leben vollzieht sich auch von dort aus. Diese Andersartigkeit ist entscheidend. Hier also liegt bei allen der Unterschied: im Ursprung der Existenz; entweder ist es die christliche Existenz aus Jesus, oder es ist die Existenz aus Adam, ohne Jesus, und das bedeutet auch ohne echte Kenntnis von Gott. Es heißt ja in 1. Korinther 2, 12ff.: „Der natürliche, (nicht wiedergeborene, rein aus dem menschlichen Seelenbereich lebende und handelnde) Mensch vernimmt nichts von Gott“, er hat kein Organ für ihn, er ist ihm nicht irgendwie nahe im Geist, er ist abgeschieden von ihm. Es ist noch die Trennwand der unvergebenen Sünde zwischen ihm und Gott vorhanden. Er ist noch blind für Gott.

Das gilt für alle Menschen, selbst für Theologen. Es genügt nicht, eine große geistige Befähigung zu haben, die den meisten durchaus nicht abzusprechen ist, und nach der überwiegend die Auswahl getroffen wird, wer ein Lehramt in der Ausbildung der Kirche bekommt. Intelligenz allein reicht nicht hin. Entscheidend dafür, ob ein Mensch produktiv ist, ob er für Gott etwas ausrichten kann, ist seine Existenz als *wiedergeborener* Mensch. Erst dann kann der Geist Gottes aus der anderen Welt voll in sein Leben hineinwirken, es bestimmen und gestalten. Hier besteht ein Unterschied wie Tag und Nacht. Jeder geistliche Mensch empfindet es, wie leer, trocken und blind unwiedergeborene Personen sind, selbst wenn sie beten oder die Bibel auslegen. Es fehlt das Eigentliche, eben das, was die Bibel den Geist nennt. Ein solcher Mensch gleicht einem Kunstwissenschaftler, dem der Farben- und Formsinn fehlt, ja der farbenblind ist. Seine Aussagen entsprechen nicht dem Objekt, dem Tatbestand, und sind im strengen Sinne daher nicht sachgemäß. Freilich besitzt ein kirchlich frommer, aber unwiedergeborener Mensch eine gewisse Fähigkeit, sich in die göttlichen Dinge einzufühlen, sie anzuerkennen, ja für sie einzutreten. Aber die Wiedergeburt bringt einen wirklich neuen Lebensstand hervor mit der originalen, diesem Lebensstand entsprechenden Erkenntnis und Bezeugung.

D. Die Wertigkeit der beiden Bereiche

I. Die Rangordnung der Werte

Der erste Wert ist der geistliche, der zweite der psychische. Eine Änderung dieser Reihenfolge ist nicht statthaft.

Hierbei ist für das Leben des Gläubigen und auch der Kirche, überhaupt jeder religiösen Gemeinschaft gleich eine Feststellung notwendig: So wie Wasser immer nach unten fließt, die Tendenz hat, bergabwärts zu rinnen, so besteht in unserem Leben immer die Neigung und der Trend, vom erstrangigen Wert, dem geistlichen, zum zweitrangigen zu kommen, also das Psychische, Menschliche, Irdische an die erste Stelle zu rücken. Dies rührt von unserer gefallenen Natur her, von unserer menschlichen Sünde, von der Trübung unseres Blickes durch diese und von der Neigung zum Bösen. Deshalb ist es wichtig, auch lehrmäßig-theologisch immer im Auge zu behalten und zu fragen: „Was ist ersten Ranges, was ist zweiten Ranges?“ Das geistliche Leben ist ersten Ranges, das psychische — auch das geistige — Leben ist zweiten Ranges. Nur wenn das geistliche Leben ersten Ranges ist und bleibt, hat auch das zweitrangige seinen richtigen Platz und kann dort seiner eigentlichen Bestimmung nach funktionieren. Sowie es aber aus einem zweitrangigen Wert zu einem erstrangigen wird, tritt das ein, was die Bibel Götzendienst nennt. Die ganze Sache wird korrumpiert, verdorben, weil Gott die Ehre genommen wird, und das duldet er nicht. Nicht die vorletzten Werte, sondern die letzten müssen dauernd neu beharrlich angesteuert werden: das Reich Gottes, daß Jesus zu den Menschen kommt, daß wir im geistlichen Leben bleiben. Die Erstrangigkeit des geistlichen Lebens ist von Gott geistlich, schöpfungsmäßig als Struktur der Welt der Gläubigen und der Welt der Bibel gegeben. So wie warme Luft nach oben steigt und Wasser nach unten strömt, so ist auch diese Gesetzmäßigkeit von Gott gewollt und geschaffen: Sein von ihm geschenktes Leben hat weitaus den Vorzug vor dem, was der Mensch aus sich produziert. Dies ist einleuchtend, wenn man nur etwas geistliche Einsicht hat, und wir tun gut daran, die entsprechende Bewertung in unserem Dienst und überall straff durchzuziehen.

II. Gegenüberstellung des geistlichen und geistigen Lebens (Tafel)

Das geistliche Leben stammt von Gott, es ist von dort her grundlegend geschenkt und wird auch weiter laufend von ihm gegeben. Es läßt sich nicht verewigen, sondern wird wie das Manna in der Wüste täglich, ja eigentlich immerfort neu von Gott gespendet und gestaltet. Das sind die „sieben Geister Gottes, die in alle Lande gehen“, wie es in der Offenbarung des Johannes (4, 5; 5, 6) gesehen ist.

Um einen Überblick zu geben, stellen wir zunächst in einer *Tafel* dieses geistliche Leben dem menschlich-geistigen gegenüber und führen diese Übersicht dann im einzelnen aus.

Tafel

Geistliches Leben	*Geistiges Leben*
1. Ursprung	
Von Gott durch Wiedergeburt und Geist geschenkt	Von Gott durch Schöpfung gegeben
2. Wirkungsweise	
Geistlich verliehen, das Leben durchdringend und bestimmend, Offenbarung, Führung	Immanent, psychisch, rein menschliche Kräfte und Fähigkeiten
3. Dauer und Art	
Ewig, bleibende Frucht Gemeinde	zeitlich, vergänglich, Kultur

4. Qualität

Der göttliche, heilige, jesusmäßige, dienstbereite Anstoß	Die gefallene Schöpfung, das von Sünde geblendete Tun; unrein, fehlgeleitet, selbstsüchtig

5. Ziel

Rettung von Menschen, Verkündigung des Heilshandelns Gottes als absolute Herausforderung und als alleinige Antwort auf die Not des Menschen	Vernunft, Weisheit, Scharfsinn, geistige Leistung. „Keine Einmischung in private Angelegenheiten"; Toleranz, Humanisierung oder Terror

6. Letztbestimmtheit

Der Geist aus Gott, die Liebe zum Vater bestimmen. Durch Erlösung Freiheit von der Welt- und der Satansbestimmtheit zum Dienst für Gott.	Der Geist der Welt, die Liebe zur Welt bestimmen. Reine Diesseitigkeit, Säkularität. Der dämonisierte Intellekt, okkulte Bindungen.

III. Die verschiedene Art und Bestimmtheit

1. Ursprung

a) Das geistliche Leben entstammt (S. 23) einem in der Bekehrung geschehenen *Schöpfungsakt* Gottes und ist der Beginn des in der Ewigkeit sich fortsetzenden Lebens überhaupt. Es ist unvergänglich, hat das Wissen um seine Ewigkeit und Unzerstörbarkeit in sich, ist das Siegel, der Stempel (Eph. 1, 13; 4, 30), der Beginn, der „Erstling" und Anbruch (Röm. 8, 23), als solcher das Unterpfand (1. Kor. 1, 22; 5, 5; Eph. 1, 14) der kommenden, neuen Welt. Dieses Leben hat das feste Wissen um solche seine Gottgeschaffenheit in sich (Röm. 8, 1; Joh. 3, 14; 5, 1) und weiß um seine völlige Andersartigkeit dem irdischen, geschaffenen Wesen gegenüber; es erkennt sich als „nicht von der Welt" seiend (Joh. 17, 14; 1. Joh. 4, 5 f.).

Über die allgemein anerkannten und vorhandenen *Gewißheiten eines Jüngers* sei kurz eingefügt:

Man weiß, daß man wiedergeboren ist,
man weiß, daß man den Heiligen Geist empfangen hat,
man ist gewiß, daß man die Ewigkeit beim Herrn zubringen wird,
man kann frei beten,
man versteht die Bibel,
man erkennt in allen Gläubigen Brüder,
man hat Gewißheit der Vergebung der Sünden,
man weiß, daß Christus für mich persönlich gestorben ist,
man kennt das Blut Jesu als Macht zur Reinigung von Sünden,
man hat ein Zeugnis für andere,
man trauert um die verlorene Welt,
man dient gern mit Hand und Mund,
man liebt Jesus über alles.

Das sind die Zeichen eines Gotteskindes
und zugleich ein Test.

b) Das *geistige Leben* ist rein geschöpflich jedem Menschen mitgegeben. Es ist zwar eine Gabe Gottes, aber eine rein diesseitige, immanente und hat nicht ohne weiteres Heiligen Geist in sich. Wenn oft gesagt wird, „wir sind alle Gottes Kinder", nämlich durch die Schöpfung, so sagt die Bibel demgegenüber (Gal. 3, 26): „Ihr seid alle Gottes Kinder durch den Glauben an Christus Jesus", d. h. nur durch Wiedergeburt.

2. Wirkungsweise

a) Das geistliche Leben ist ein *immerwährendes Geschehen.* Es wird aus der anderen Welt, vom Throne Gottes, diesem schöpferischen Mittelpunkt des ganzen Alls her fortwährend ausgesendet und verliehen. Man könnte den Tatbestand vielleicht mit einem Sender vergleichen, der auf unendliche Entfernung hin Impulse ausstrahlt, die im selben Augenblick überall zu empfangen sind. Diese Fernsteuerung durchdringt das ganze Leben und bestimmt es. Das ist das Geheimnis der göttlichen Führung, unter der ein Gottesmensch steht (vgl. O. Riecker, „Führung durch Gott", Literaturverzeichnis). Je mehr wir diese Führung kennen und üben, desto mehr können wir auch wirklich geistliche Menschen werden, indem unser Alltag göttlich gesteuert und gestaltet wird. Wie der Gotteswille dann im Himmel, im göttlichen Entschluß, geschieht, so geschieht er auch auf dieser Erde, indem uns dieser Wille mitgeteilt wird und wir auch die Fähigkeit zur Ausführung erhalten. Hier erfolgt also eine Offenbarung etwas anderer Art als die Offenbarung in der Bibel, die (S. 24) an die Propheten, Apostel und an Jesus geschah und ihren einmaligen, vollen Charakter hat. Aber doch ist auch sie eine Enthüllung, eine Kundgebung des Willens Gottes heute und hier in aller Bescheidenheit, Einfachheit, Gebrochenheit und Beschränktheit und ohne Übertriebenheiten. Das ist die Wirkungsweise Gottes im geistlichen Menschen.

b) Bei *nichtwiedergeborenen Menschen* wirken sich *die vorhandenen Kräfte,* wenn sie ausgeübt werden und sich durchsetzen, etwa in Form von dichterischen oder technischen oder anderen Produkten aus. Sie kommen rein aus dem, was der Mensch in seinem Gehirn, in seiner Erziehung, in seiner Erfindungsgabe besitzt, auch in seiner Begabung als Genie. Da mag wohl gleichfalls Gott hineinwirken, der ja auch die unwiedergeborenen Menschen lenkt und in der Hand hat. Er berührt in Jesus, seinem Sohn, dem Mitschöpfer, irgendwie alle seine Geschöpfe. Johannes 1, 9 heißt es ja: „Jesus ist das einzig wahre Licht, das alle Menschen erleuchtet, die in die Welt kommen." Gott mahnt und führt durch das Gewissen, wie Paulus im Römerbrief (2, 15) sagt, auch die unerneuerten Heiden. Trotzdem bleibt es dabei, daß der unwiedergeborene Mensch im Grunde nur auf sich selbst angewiesen ist und nicht die tiefgreifende Gnade in der Gestaltung seines Lebens erfährt, in der sich Gott wirklich durchsetzen könnte.

3. Dauer und Art

a) Kemner hat für dieses Leben das schöne Wort *„ewigkeitlich"* eingeführt. Dieser Ausdruck stammt wohl von Bezzel. Das „ewige Leben" wird meist nach der Zeitdauer hin verstanden, es bedeutet dann „ewig" im Unterschied von nichtewig, zeitlich begrenzt. Aber wenn die Bibel von der „zoe aionios", dem „ewigen Leben" spricht, meint sie das ewigkeitliche, aus der Ewigkeit kommende, von der Ewigkeit her bestimmte, in die

Ewigkeit hineinweisende und -führende Leben; kurz, es ist das göttliche Leben, das eben von Gott geboren ist und von Gottes Gnade geschenkt wird. Es hat eine ganz andere Lebensqualität oder Lebenswirklichkeit an sich, als unser zeitlich, menschlich-irdisch beschränktes Leben sie hat.

Dieses ewigkeitliche als bleibendes Leben bringt auch bleibende Frucht. Alle Frucht für das Reich Gottes kommt aus dieser Art Lebensmitteilung von Gott und hat dann auch immerwährenden Bestand; auch der Weltuntergang kann dem nichts anhaben. Wir bringen in die Herrlichkeit nur mit, was wir auf dieser Erde in diesem Sinn ewigkeitlich gewirkt, für Jesus in seinem Auftrag und in seiner Gnade vollbracht haben und erfüllt bekamen. „Ihre Werke folgen ihnen nach" (Offb. 14, 13); damit sind diese gottgewirkten Werke gemeint. Sie sind „in Gott getan" (Joh. 3, 21).

b) Die *zeitliche Kultur* ist *vergänglich.* Alle Werke, auch die Wolkenkratzer, Pyramiden, Eiffeltürme, Bildergalerien werden — wie die Bibel sagt — eines Tages in Staub zerfallen, wenn die Welt im großen Weltuntergang zerstört wird (Offb. 20, 11: „Und ihre Stelle ward nicht mehr gefunden"). Die Atombombe zeigt in einer Vorstufe dieser Möglichkeiten, wie die ganzen Kulturwerte in wenigen Augenblicken vernichtet werden können. Das immanente Leben trägt den Charakter des Vergänglichen unablösbar an sich (1. Kor. 7, 31). Mit zunehmendem Alter merkt man immer mehr, wie vorübergehend alles ist; so wie der Prediger Salomo immer neu sagt: „Alles ist eitel", alles vergeht; und wenn man Raritäten aufbewahrt, veralten auch diese — auch meine schöne Kommode mit sämtlichen Familienmuseumsstücken von den Großeltern her mitsamt meiner geschriebenen Familiengeschichte. Ich weiß nicht, ob sich meine Urenkel noch dafür interessieren. Alles verliert seinen eigentlichen Wert. Aber das ewigkeitliche, das geistliche Leben hat bleibenden Rang. Wenn auch der Leib zerfällt, das göttliche Leben in uns ist unvergänglich und bleibt mit allem, was es in Gottes Auftrag wirken konnte. Hier ist jeder Christ gefragt, so viel als möglich auf sein eigentliches Zuhause hinzuarbeiten (Matth. 6, 19—21; 1. Tim. 6, 18. 19) und nach Werten zu streben, die bestehen. Hierbei ist zu bemerken, daß auch der ganze Alltag als Dienst für Gott aus Liebe zu ihm und in seinem Auftrag erfüllt werden kann.

4. Qualität

a) Dem Heiligen Geist wohnt eine *heiligmachende* Wirkung inne: Seine Wirkungsweise ist mit seiner Seinweise aufs engste verbunden. Er heißt eben Heiliger Geist und nicht unheiliger Geist. Er ist der Geist, der heilig macht; weil Gott heilig ist, ist auch sein Geist heilig, und wo der Heilige Geist wirkt, da wirkt er eine Reinigung, da geht eine dauernde läuternde, reinigende Wirkung von ihm aus. Sie kommt aus jener Welt herein in unsere diesseitige Welt, in unseren vergänglichen, der Sünde ausgelieferten Körper, in unser Menschsein, als neues, anderes Moment, als neuer Impuls, als eine ganz neue Art zu leben, wie sie Jesus vom Himmel mitbrachte.

Diese Möglichkeit der Neugestaltung unserer Existenz durch den Heiligen Geist ist eine Gabe des Herrn, die er für uns bereit hat. Es ist eigentlich der wunderbare Inhalt der Sendung Jesu, daß Gott in ihm einen einzigartigen Menschen auf die Erde sandte, der nie eine Sünde tat. Er war eben Sohn Gottes. Sündlosigkeit gehört zum Wesen Jesu und ist keineswegs nur ein Phantasieprodukt der ersten Gemeinde. So war Jesus. Und nun sagt er: „Wie ich bin, sollt ihr auch sein“ (Matth. 11, 29; Luk. 6, 40; Joh. 12, 26). Oft (Röm. 8, 29; 2. Kor. 3, 18; Phil. 2, 5; 1. Joh. 1, 7; 2, 6; 3, 16) wird darauf hingewiesen, daß dieses Wesen Jesu für uns Vorbild ist und uns als Gabe vermittelt wird durch den Herrn, durch die Bibel, durch den Heiligen Geist. So kommt jene geläuterte Lebenshaltung oder Lebensqualität, jene vom Zwang der Sünde, vom Trend der Welt grundsätzlich unabhängige Ausrichtung des Lebens von Jesus her in die Welt und vor allem in seine Jüngerschaft hinein. Dadurch wird auf dieser Erde, in der Umwelt etwas von der Art Jesu abgebildet und sichtbar dargestellt durch seine Gemeinde. Diese ist ja sein von ihm beseelter, in seinem Sinn zum Handeln veranlaßter Leib, sein Organismus. Wir brauchen die Jesusmenschen neben uns, um dieses Leben praktizieren zu können. Ohne Gemeinschaft ist das in dieser Welt nicht oder kaum durchzuführen.

b) Die *Weltmenschen* kennen diese Kraftquelle, diesen Anstoß nicht. Weil sie nicht wiedergeboren sind, kann er gar nicht verwandelnd in ihrem Leben wirken. Sie haben ja dieses Gott nicht zur freien Verfügung ausgeliefert. Um ein Bild zu gebrauchen: Es ist, als steckten sie in einer Kugel mit Bleiwänden, wohin selbst Radiumstrahlen nicht eindringen können — so sind sie abgepanzert gegen Gott, besonders durch ihren Eigenwillen und Widerstand. Innerhalb dieser Kugel sind sie der Herrschaft der Sünde und dem Einfluß böser Mächte preisgegeben. Der Gebildete und der Ungebildete sündigen im gleichen Maße; die einen mögen raffinierter als die andern sein, aber sonst unterscheidet sie nichts. Auch große Künstler haben in ihrem Privatleben oft sehr zu wünschen übrig gelassen, etwa Richard Wagner und andere. Ich bringe das jetzt nur als Beispiel für hochbegabte Menschen, an denen sichtbar wird, daß Bildung nicht unbedingt besser macht. Der Humanismus freilich meint, sie erreiche dies: Wenn die Menschen entsprechend gebildet würden, alle zur mittleren Reife oder Hochschulreife kämen, dann würde auch die Unkultur und die Rohheit der Sitten aufhören. Das ist aber ein großer Irrtum! Dies exerzieren sämtliche Staatensysteme durch, die ohne jede christliche Ausrichtung rein human auskommen und dennoch den neuen Menschen schaffen wollen. Es fehlt die Wiedergeburt, die mit wunderbarer Erneuerungs- und Strahlkraft von den gläubigen Kreisen aus über die Kirche in ein Volk, in die Welt eindringt. Sie ist das Salz, das eine Nation vor der Fäulnis behütet.

5. Ziel

Das Ziel des Menschen, sein eigentlicher Auftrag, der Sinn des Lebens und damit auch der geistigen Produktivität ist sehr verschieden, je nachdem, ob man ein wiedergeborener oder ein nichtwiedergeborener Mensch ist. So lautet die Frage, ob der Mensch von Gott aus, vom Vollzug seines Willens her, oder ob er nach eigenem Gutdünken und Ermessen, nach eigenen Maßstäben und Anschauungen handelt. Es bleibt doch bei der biblischen Wahrheit, die sich in der Tat, in der Wirklichkeit des Lebens durchaus bewährt und bestätigt: Es geht Gott nicht um

Weisheit und Bildung, sondern um viel Entscheidenderes, nämlich daß Junge und Alte aus ihrem Sündenschlamm herausgeholt und zu neuen Menschen werden. Der *neue Mensch*, den die Revolutionäre heute suchen, ist im Grunde dieser wiedergeborene Mensch, und wir haben ihnen diesen auch zu repräsentieren, vorzuleben. Es finden sich im nichtchristlichen Bereich immer wieder Leute, die danach fragen, woher wir unsere Liebe haben, unsere Gemeinschaftsfähigkeit, unsere Uneigennützigkeit, unsere Zuverlässigkeit, unsere innere Gelassenheit, unsern Frieden, weil alles das aus den immanenten, natürlichen Kräften nicht möglich ist. So kam ein junger Mann zu einer Begegnung mit Christus, als er von seiner Jugendgruppe im Sportverein zum „Christlichen Verein Junger Männer" (CVJM) ging, um den Jungscharleiter zu fragen, woher dieser denn die Disziplin in seinem Kreis habe, die er selbst trotz allen guten Willens nicht erreichte. Also ist der neue Mensch des Reiches Gottes der Zukunftsmensch. Die Bibel sagt (vgl. S. 28), das sei der Anbruch der kommenden Schöpfung. Wir haben die Erstlingsgabe des Heiligen Geistes empfangen. Wir sind schon eine Vorwegnahme der künftigen Welt in dieser Welt, und der Stempel darunter ist der Geist und das Leben aus dem Geist, wie Paulus sagt. So sind wir eine Art neue Menschenrasse. Sie wird allerdings auf dieser Erde großenteils nicht als solche angesehen, obwohl das Leben echter Jesusjünger von Veränderungen zum Vorbild Jesu hin gekennzeichnet ist. Aber diese werden als psychologische Kunststücke, als Selbsteinübung (Autosuggestion), als Mache der Kirchen abgewertet. Man hat vielerlei Erklärungen dafür, um die Sache abzuschieben. Der Grund ist, daß man das eigene Leben nicht aufgeben will und es auch nicht kann, daß man diesem fremden Willen sich nicht unterstellen will, von dem ich die ganze Zeit spreche. Würde man es tun, wäre man damit ein „entmündigter" Mensch, dessen Vormund Gott ist, aber gleichzeitig auch ein freier Mensch, weil wir dann nicht mehr dem Teufel und der Immanenz untertan sein müßten, sondern als freies Werkzeug für Gottes Ziele brauchbar wären. Dies geht nur um den Preis, daß man sich ganz hierfür hergibt und der Botschaft folgt.

6. Letztbestimmtheit

a) *Der Geist aus Gott* ist die bestimmende Macht im Dasein eines Jüngers. Sie setzt sich trotz allem grundsätzlich durch und bringt ein neues Klima, eine neue Gesamtverfassung ins Leben. Selbst wenn sie noch recht kümmerlich erscheint, ist doch eine Wendung geschehen, weil der Mensch seinen Gegenwillen hergegeben hat und Gott freien Einfluß auf das Leben nehmen kann. Dieser Geist aus Gott als ausschlaggebender Faktor im Leben der Christen ist ihnen verheißen und auch geschenkt. Er zeigt sich in einer großen Liebe zum Vater und zu den Brüdern. Diese positive Gewalt erweist sich als beglückende Tatsache darin, daß wir lieben können, daß Gott keine gescheute, nur gebietende, sondern eine im Gebet gesuchte Wirklichkeit ist. Diese Macht zeigt sich auch darin, daß die Brüder neben uns nicht selbstsüchtige Feinde sind, die man im Konkurrenzkampf beiseiteboxen muß, sondern Geschwister vom gleichen Vater, und daß Gemeinde in diesem Sinne eine oft erstaunliche Realität unter gläubigen Christen ist.

b) Wie entsetzlich ist demgegenüber die Wirklichkeit ohne die Gabe des Geistes von Gott und ohne die Liebe zu den Geschwistern und zum Vater. In ihr ist der *Weltgeist* das Kennzeichen der Existenz. Er ist für mich auch immer das Unterscheidungsmerkmal bei öffentlichen Darbietungen, etwa im Radio, im Fernsehen, in Zeitungen. Man muß sagen, nicht die Einzelheiten sind das Schlimme, sondern der Gesamtgeist, der daraus spricht, dieser alles beherrschende und von Gott lose Weltgeist. Ebenso muß man bei Gruppen, selbst bei christlichen Gruppen, sich darüber klar sein, ob sie im Weltgeist stecken, ob dies ihr bestimmendes Moment ist oder nicht. Unwiedergeborene Gruppen haben eben den Weltgeist, benehmen sich auch entsprechend, und wenn wir in ihnen wirken, braucht es sehr viel Geduld, diesen Weltgeist zu ertragen, den Gottesgeist zu behalten und ihn den anderen zu bringen. Man darf sich aber dann keiner Täuschung hingeben über das, was wirklich gespielt wird. Es handelt sich eben in diesem Falle um Immanenz, um ein Beschränktsein auf die natürlichen Triebe und Ansprüche des Lebens.

Der unbekehrte Mensch macht sich das Dasein schön, das ist sein Dogma. Hierzu muß auch die Religion als eine Art Rückversicherung helfen, eben daß Gott zur Stelle ist, wenn die Pannen eintreten. Er ist der Nothelfer, nur dann wird er angerufen. Das ist das System der natürlichen Religion. Die Diesseitigkeit, der irdische Sinn, wie Paulus (Phil. 3, 19) sagt, „Sie sind irdisch gesinnt", ist das Kennzeichen nichtwiedergeborener Menschen und Gemeinschaften, kurz gesagt die Profanität.

Profan ist das, was ganz ohne Gott ist, ganz weltlich, ganz einfach so wie es ist, ohne weitere Beziehung auf ihn. Das ganze ist zwar noch Gottes Geschöpf und bleibt noch Gottes Geschöpf; aber wenn wir das anschauen, etwa eine Festlichkeit, ein Jubiläum profaner Art: Fahnen, Redner, das Bier und die entsprechende geistige Verfassung beherrschen die Atmosphäre, das ist rein profan. Leider ist diese Art Geisteshaltung auf unserem evangelischen Boden viel weiter verbreitet und viel konzentrierter durchgedrungen als auf dem katholischen. Hier ist noch mehr Wissen um die andere Welt da, auch mehr Ehrfurcht vor der anderen Welt. Auf unserer Seite haben die atheistischen Philosophen gründliche Arbeit geleistet, so daß viele Menschen diese ganze göttliche Welt einfach gar nicht kennen und wollen und für nicht existent halten und ihr Leben dann vollständig diesseitig, mit aller Erbärmlichkeit eines säkularen Eintagsdaseins einrichten.

Säkular heißt völlig verweltlicht. Hieran leiden heute die Menschen — besonders die jungen —, an dieser totalen Säkularität. Auch in Rußland ist diese Mangelkrankheit verbreitet. Mit politischen Parolen hat man dort, ebensowenig wie bei uns in der Hitlerzeit, auf Dauer die Seele wirklich nicht befriedigt. Der Mensch wird eben davon nicht satt, auch nicht durch die höchste Kultur. Man versucht durch Theater, durch Literatur, durch geistige Höherführung und Leistung den Menschen etwas Besseres zu bringen und ihre arme Seele zu sättigen. Diese Erwartung hat sich noch nirgends erfüllen können, weil wir auf Gott hin angelegt sind und nur im Kontakt mit Gott echtes Leben entsteht, etwa, wie eine Blume Wasser bekommt, die vorher am Verdursten war.

7. Die okkulte Letztbestimmtheit

Hinter dem allem steht noch eine andere, letzte Wirklichkeit, die das Leben bestimmt. Es ist die *dämonische* und *okkulte*. Nach Johannes (1. Joh. 5, 19) liegt die Welt im „Argen"; Satan ist, wie Jesus (Joh. 12, 31; 14, 30; 16, 11) sagt, der „Fürst dieser Welt"; und Paulus spricht (Eph. 2, 2; 6, 12) von den Mächten und Gewalten, die in der Atmosphäre, in der Luft dieser Welt herrschen, und davon, daß die Kinder dieser Welt vom Geist der Welt und des Unglaubens bestimmt sind (S. 89).

Man kann hier *verschiedene Grade* unterscheiden. Ich möchte diese Dinge etwas im einzelnen untersuchen. Vieles von dem, was ich bringe, ist ein erster Klärungsversuch. Irgendwie bestehen da verschiedene Abstufungen der dämonischen Bestimmtheit, des Getriebenseins vom Geist der Welt. Es gibt Menschen, die verhältnismäßig *neutral* zwischen den Fronten leben, mehr privat, die ordentlich sind und ein vergleichsweise sittliches Leben führen; dies ist der Fall gerade auch in der abendländischen christianisierten Welt. Sie sind oft die Kinder gläubiger Eltern. So wie nach meiner Beobachtung häufig Mediziner von Theologen abstammen, erwachsen Moralisten aus pietistischen Elternhäusern. Sie bekommen dann von Haus aus noch einen Begriff mit für das, was gut und für das, was böse ist. Sie haben es ja von Jugend an vorgelebt bekommen, so daß sie dann oft zu den sogenannten anständigen Menschen gehören. Im kirchlichen Bereich gibt es eine Menge Leute dieser Prägung, eine Art „Vorhofschristen", die vom christlichen Glauben her, vom Dogma leben, das sie orthodox, gedanklich nehmen. Sie bemühen sich, nach den Geboten zu handeln, und sind dadurch vor krassen Fehltritten bewahrt. Man kann nicht ohne weiteres sagen, sie seien in dem Maße dämonisiert, wie etwa üble Spötter und bewußte Frevler dämonisiert sind.

Aber trotzdem gehören auch sie nach dem Wort der Schrift unter die *allgemeine dämonische Bestimmtheit*. Wenn Paulus (Eph. 2, 2) sagt, daß die unerlösten Menschen unter der Herrschaft Satans und seiner unsichtbaren und menschlichen Diener stehen, so ist das eben wahr und bestätigt sich durch die Erfahrung, wenn auch die Äußerungsweisen nach dem Grad der Unterstellung verschieden sind. Es gibt bei dem säkularisierten Menschen einen Zustand, in dem er ganz von dem Geist der Welt bestimmt wird. Vor ihm warnt Paulus (1. Kor. 2, 12): „Wir haben nicht empfangen den Geist der Welt, sondern den Geist aus Gott." Gerade daran, welchem Geist das Leben unterstellt ist, sieht man den wesentlichen Unterschied. Deshalb spreche ich hier von einer Gesamt- und Letztbestimmtheit: Epheser 2, 1—3. Hier erweist es sich immer wieder als wunderbare Kraft, wenn man das Bibelwort einfach so nimmt, wie es dasteht. Es erläutert dann Situationen und gibt einen zuverlässigen Überblick über die wirklichen Tatbestände. — Es ist also auch der sogenannte anständige Mensch, sogar der kirchlich orientierte Mensch, wenn er nicht wiedergeboren ist, noch dämonisch bestimmt durch den Geist der Welt, in der er lebt. Gerade er braucht in der Bekehrung einen Durchbruch von dieser dämonischen Letztbestimmtheit hin zur Gottbestimmtheit, die nur über das Kreuz möglich ist. Nur am Kreuz wird die dämonische Bestimmtheit abgelöst durch eine neue, durch die Gott- und Jesusbestimmtheit. Von da an ist das Leben grundsätzlich Gott unterstellt. Dies geschieht durch Erlösung, durch Veränderung, durch Herrschaftswandel; es ereignet sich nicht durch gute Vorsätze und (auch kirchliche) Philosophien, sondern dadurch, daß man aus der realen Herrschaft der Finsternis zu Seinem wunderbaren Licht kommt.

Ich spreche jetzt noch von der *dämonisch intellektualisierten* Letztbestimmtheit. Der *Weg* dahin ist gekennzeichnet durch Anmaßung und durch die Leugnung der Sohnschaft Jesu.

Gerade denkerisch befähigte Menschen, die geistige Arbeit lieben, die von Natur schöpfungsmäßig hierfür eine Gabe haben, stehen besonders in der Gefahr *der Anmaßung und des Stolzes.* Satan, der intelligenteste und klügste Geist unter den Erzengeln, wurde überheblich, — er wollte mehr sein als Gott, oder gerade so groß wie Gott. Ähnlich ist bei uns Menschen mit aller geistigen Beschäftigung unmittelbar die Gefahr der eigenen Überhebung verbunden. Wenn wir viel wissen und können, ist unser altes Fleisch gleich bereit, uns alles gutzuschreiben, d. h. uns zu Gott zu machen und nicht dankbar ihm die Ehre dafür zu geben. Das Wort von Paulus (1. Kor. 8, 1) ist in diesem Zusammenhang wegweisend: „Wissen bläst auf, Liebe baut auf." Hier sind die beiden Bereiche einander gegenübergestellt. Er kannte seine Griechen, die wirklich etwas wußten und konnten, die zu denken verstanden. Aber sie hatten ihre autonome Vernunft als letzten Maßstab. *Autonom* heißt, unter dem eigenen Gesetz, unter der Selbstbestimmtheit zu stehen. Unser beschränktes, immanentes Denken ist dann maßgebend für alle Bewertungen und Entscheidungen. Auf diese Autonomie komme ich (S. 64 f.) noch zu sprechen.

Die Unbeugsamkeit gerade gebildeter Menschen besteht darin, daß sie nicht vor Jesus kapitulieren können; diese Unbeugsamkeit der „Weisen nach dem Fleisch“ (1. Kor. 1, 26) rührt von der falschen Autonomie des unerlösten Menschen her.

Einbildung hängt bei ihnen mit Ausbildung zusammen, indem sie sehr wohl wissen, wer sie sind und was sie können, und darüber so stolz werden, daß sie Gott ein Greuel sind. Gott widersteht (1. Petr. 5, 5) diesen hochmütigen, selbstbewußten, klugen Leuten. Andererseits — wenn wir klug sind und viel wissen, haben wir allen Anlaß, diesen Stolz mit den Selbstgefühlen dauernd unters Kreuz zu bringen und dafür Vergebung zu erbitten. Sonst sind auch wir Gott ein Greuel und kommen nicht zur wahren Erkenntnis. „Den Unmündigen hat es Gott offenbart“, sagt der Herr (Matth. 11, 25), der wahrlich auch klug und doch von Herzen demütig war.

Die Anmaßung zeigt sich auch darin, daß Jesu *Gottessohnschaft*, seine göttliche Sendung in Zweifel gezogen wird. Dies geschieht oft nur als rein wissenschaftliche Ausdrucksweise des Denkens, die harmlos zu sein scheint. Wenn wir aber von der Bibel her diese Dinge betrachten, so sagt Johannes (1. Joh. 4, 3): „Wer leugnet, daß Jesus im Fleisch gekommen ist“ (als er aus der Herrlichkeit beim Vater heraus Mensch wurde), „ist ein Antichrist, ein Christusfeind und Christusgegner.“ So steht hinter diesen scheinbar unverbindlich-theologischen Äußerungen eine todbringende Gottlosigkeit, die von Gott gestraft wird. Sie grenzen oft an *Lästerung* und gehen manchmal auch in ausgesprochen lästernde Worte über, wenn abgeschmackte Auslassungen über „Maria als Hure“ und noch Schlimmeres von der Kanzel ertönen, so daß selbst Außenseiter erschrecken. Dann ist der Intellekt dämonisiert, ob man dies nun weiß oder nicht. Nach dem Strafgesetz ist derjenige, der Verbrechen begeht, auf alle Fälle schuldig und wird zur Verantwortung gezogen, auch wenn er kein Bewußtsein von der Strafwürdigkeit hatte. So ist es auch in der Theologie: Wer Jesu Sohnschaft leugnet, vielleicht in der guten Meinung, damit der Kirche zu helfen, der vollzieht dadurch eine Lästerung. Wenn das durch Lehrer der Theologie geschieht, besteht eine doppelte Verantwortlichkeit, weil sie es besser wissen könnten, weil sie häufig ermahnt werden, dennoch weiter ihre Irrlehren vertreten und andere vergiften. Das nenne ich dämonisierten Intellekt. Ob wir um die Dämonisierung wissen oder nicht — wenn sie da ist, wirkt sie sich zerstörend aus und wird in der Ewigkeit verantwortet werden müssen.

Oft sind auch ausgesprochen *okkulte* Bindungen vorhanden. Wir wissen aus der Seelsorge, daß auch Studenten der Theologie oder Theologen wie die meisten Menschen — von Vorfahren, aus eigener Schuld oder aus Unwissenheit — durch Zauberei und Aberglaube okkult belastet sind. Dementsprechend ist auch ihre Wissenschaft, oder was sie für Wissenschaft halten, verzerrt. Hinter der Bestreitung der Sohnschaft Jesu stecken wahrscheinlich noch aktive okkulte Dinge, auch bei den Lehrern, die solche Irrlehren vertreten. Um diese These zu untermauern, wäre es nötig, das Leben der betreffenden Personen in der genannten Hinsicht näher zu kennen. Okkulte Fremdsteuerung ist auch bei kirchlichen Leuten möglich. Selbst bei Gläubigen gibt es okkulte Behaftungen, so daß wir aus unserer Kenntnis der okkulten Welt auch vermuten dürfen, daß eine Letztbestimmtheit dieser Art hinter solcher Theologie, ganz gleich welcher Schattierungen, steckt. Hat nicht gerade die Macht der Finsternis Interesse an der Abwertung des göttlichen Heilsgeschehens? Das ist natürlich ein Greuel in den Ohren derer, die es angeht. Wir als Seelsorger müssen uns darüber unbedingt im Klaren sein, mit welchen Mächten wir es zu tun haben, wie weittragend das alles ist und warum solche Dinge oft so hartnäckig sind.

Ich habe einmal einem Freund, einem ehemaligen Bultmannschüler, der in seinem Glauben nicht recht froh werden konnte, in einem nächtlichen Gespräch bemerkt: „Du solltest eigentlich Bultmann absagen, wie man sonst dem Teufel absagt.“ Das kam mir plötzlich in den Sinn. Er hat es gemacht. Das gab dann die Freiheit, die er vorher nicht gehabt hatte. Irgendwie steckt hinter dieser ganzen Ausrichtung eben der Feind von Anfang an, und deshalb muß man einer solchen Denkweise absagen, wie man dämonischen Gegebenheiten in Anwesenheit eines Bruders absagen muß, kündigen muß. Man muß sie auch als Sünde gegen Gott und Jesus bekennen, sich darüber beugen und sich davon reinigen lassen. Wenn das nicht geschieht, steht man immer wieder unter Letztbestimmtheit und muß dann lästern, muß man diese Dinge mit immer neuer Eindringlichkeit und neuem Eifer vertreten; wie ja alle okkult belasteten Leute eine Art Zwang haben, ein satanisches Sendungsbewußtsein, ihre Weisheiten zum Besten zu geben.

Erlösung aus dieser okkulten Belastung geschieht nur durch Bekenntnis, Absage, Hinwendung zum Herrn, zum Reich des Lichtes. Hierfür ist das Kreuz entscheidend. Hier werden wir von allen geistigen Mächten erlöst; und es gibt nur diese eine größere Macht, größer als jede falsche geistige Bestimmtheit, als jede falsche Gesamteinstellung, als jede falsche Vorliebe für geistige Werte. Nur am Kreuz geschieht göttliche Lösung, weil dort die Erlösungs- und Sühnekraft Jesu für Sünden und Gebundenheiten zu finden ist. Das Kreuz und das Blut Jesu ist notwendig, nicht nur Aufklärung, Information, Verbesserung der Sichtweise. Viele sehen diese Zusammenhänge nicht und kommen darum auch in ihrer Theologie nicht vorwärts.

E. Das praktische Verhältnis der beiden Bereiche im Leben eines Jüngers

I. Wissen um den Vorrang des geistlichen Lebens

1. Keine Vergötterung des Geschöpfes.

Als Kernpunkt allen Götzendienstes ist in Röm. 1, 25 ausgesprochen, daß wir das Geschöpf höher ehren und achten als den Schöpfer, — während doch dieser Schöpfer, der allmächtige Gott und Heiland allein göttliche Würde, das Geschöpf aber nur geschöpfliche Würde besitzen. Die Umkehrung dieses Verhältnisses nennt man Vergötzung. Ich las in einem Buch von den „Göttern des Abendlandes", die längst keine steinernen Wesen mehr sind. Im übrigen waren auch die Steinbilder der Venus, der Athene, des Merkur und wie sie alle heißen, ebenso nur Verkörperungen von geistigen Mächten, von vergötztem Sexus, von vergötzter Weisheit, von vergötztem Geschäftsgeist. Paulus nennt sie Dämonen, d. h. Herrscher im Bereich des Sexus, der Weisheit, des Geldgeistes, die bei den Griechen vergöttert (1. Kor. 10, 20) wurden. Anstatt den Schöpfer zu verehren, haben sie diese Werte als höchste betrachtet — gerade auch in Kunst und Wissenschaft.

2. Die richtige Rangordnung

Wir sollen als Jesusjünger, als erlöste Menschen stets um den untergeordneten Rang dieser Dinge wissen und uns immer neu klar machen, daß die Kulturgüter nicht als Selbstwerte gepflegt und betrachtet werden dürfen, isoliert von unserem geistlichen Auftrag und Leben. Wir können Kulturwerte nicht so vergötzen, wie es unbekehrte Leute tun, bei denen diese Werte einen ganz hohen, einen beherrschenden Rang im Leben bekommen — Theater, Kunst, Musik, Bildung, soziologische Gegebenheiten und Anliegen, Presse, Politik, usw. Diese Bereiche können durch uns nur vom Schöpfer her betrachtet und in Jesus und seiner Erlösung bewertet werden; so daß wir Jesus und seine geistlichen Werte weitaus höher achten und respektieren als diese vergänglichen Schöpfungswerte. Dazu brauchen wir eine immer neue Entscheidung.

II. Die Neigung zur Vergötzung

Bei allem Wissen um den Vorrang des geistlichen Lebens ist die Tendenz, der Trend, die Neigung zur Vergötzung der irdischen Werte immer da. Warum?

Der alte Mensch ist von Natur ein Götzendiener. Er ist ein Genießer. Es gibt für uns Christen auch erlaubten Genuß und von Gott geschenkte Freude, aber dieser eigensüchtige Genuß, dieses egoistische Auskosten ist in seiner Isolierung oftmals schon ein Götzendienst. Allein das Ich kommt auf seine Kosten — etwa in einem Kunstgenuß. Manche fühlen sich dabei Gott sehr nahe, z. B. bei einer herrlichen Symphonie oder vor einem Rembrandt-Bild. Wenn man schöpferisch-geistig arbeitet (alle Autoren haben mit diesem Problem zu tun), so gibt es keine süßere Selbsterfüllung als die, nämlich als Künstler oder Schriftsteller produktiv zu sein. Man beginnt, sich „göttlich" zu fühlen, denn Gott ist gleichfalls ein Schöpfer. Bei rechter Anwendung ist diese produktive, schöpferische Tätigkeit ein Stück göttlicher Bestimmtheit und eine Erfüllung des Schöpfungsauftrages, und man ist allein Gott für sie dankbar. Auch ich strebe immer wieder danach, schreiben zu können, geistig schaffen zu dürfen, weil das mich besonders ausfüllt, weil das meine Stärke ist. Aber ich bin mir auch darüber klar, daß sich hier leicht der Selbstgenuß einschleicht, das Schlemmen in den eigenen Fähigkeiten und produktiven Tätigkeiten. Ich weiß, daß ich sehr auf den Herrn blicken muß, damit mein Dienst in richtiger Weise geschieht. Stets stehen wir in der Versuchung und befinden uns in der Gefahr, selbstherrlich zu werden. Daran wird sich bis zu unserem Tode auf dieser Erde nichts ändern, auch in einem geistlichen Leben nicht. Mit der Sünde, die vor unserer Tür lauert, werden wir immer zu kämpfen haben. Aber Jesus ist Sieger!

III. Die Reinigung vom Götzendienst

Wie vollzieht sich nun die Reinigung von diesem Götzendienst der Kultur? Wie kommt man dahin, daß auch bei allem geistigen Schaffen das Ich nicht ausgelebt wird und man sich nicht im Ichkult nur um sich selbst dreht?

1. Dies geschieht durch *Buße* über den Abfall, ja schon über den Trend, die Neigung, indem wir uns bei dem betreffenden Geschehen der Vergötzung vor dem Herrn beugen. Gott veranlaßt uns durch seinen Geist hierzu. Er leitet uns durch innerliche Warnung zu Absagen, wenn die geistigen Werte uns beschlagnahmen möchten. Wenn er uns unsere Schuld zeigt, so muß sie konkret genannt werden. Das kann in einem Augenblick geschehen. Ich habe das einmal sehr deutlich erlebt. Im Radio hörte ich „Ave Maria" von Schubert, meinem Lieblingskomponisten. Die Negersängerin Maria Anderson intonierte dieses Stück mit ihrer wunderbaren Altstimme in ganz herrlicher Weise. Das ergriff mich so, daß ich auf die Knie sank. Wie ich mich so zu Boden beugte und die Töne in mich trank, war ich doch Christ genug zu sagen: „Mensch, was tust du hier auf den Knien?" Da wurde mir selbst unmittelbar klar, daß es für mich als Jünger einfach nicht in Ordnung ist, wenn ich mich so überwältigen lasse, und sei es selbst von der großen Schönheit einer Stimme und einer Musik.

Hier weist uns der Herr durch seinen Geist immer klarer zurecht. Man verachtet diese Werte nicht, aber man weiß sie dann richtig einzuordnen und kennt ihre versucherische Macht. Ich kann immer wieder absagen und rufen: „Herr, ich gehöre dir ganz allein! Ich sage allem anderen, auch diesem ab, das mich beschlagnahmen will!" Das ist dann die Distanzierung, die innere geistige Abstandnahme, die für uns Christen nötig ist. Sie sollte vor dem Herrn, vor der unsichtbaren Welt ausgesprochen werden. So wie man bei der Befreiung von okkulten Mächten diesen absagt und kündigt, ist auch hier immer wieder eine ausdrückliche Distanzierung, ein immer neuer Entschluß, eine immer neue Absage notwendig, damit wir aus allen Beschlagnahmungen herauskommen.

2. Dies geschieht gleichzeitig mit der *Hinwendung* zum Herrn selbst, mit einer Liebeserklärung zu ihm, zum Vater und zu Jesus, in der wir uns ihm ganz zur Verfügung stellen. Das ist stets neu notwendig. *Gott und Jesus* haben wir mehr zu lieben als alle Dinge. So bitte ich immer neu darum: „Herr, gib mir doch mehr Liebe zu dir!" So viel weiß ich: Je mehr ich Liebe zu ihm habe, desto leichter komme ich los von der Vergötzung und allen anderen Sachen, ganz gleich, welcher Gedanke oder welche Vorliebe die Stelle Gottes in meinem Leben einnimmt. Hierum dürfen wir ihn bitten, er wird uns erhören, und so werden wir ihn auch wirklich lieben können. „Wir sollen Gott über alle Dinge fürchten, lieben und vertrauen", wie Luther sagt (Erklärung zum 1. Gebot). Im 5. Mosebuch (6, 5) steht diese Herausforderung des ganzen „Gott-liebens" an erster Stelle; so wurde es auch von Jesus als Hauptgebot benannt (Matth. 22, 7). Als Christen dürfen wir aufgrund der Schrift genau wissen: Der Schöpfer ist mehr als das Geschöpf, ich gehöre dem Schöpfer und habe ihn zu ehren und nicht das Geschöpf. Hier leistet uns die Bibel einen großen Dienst.

3. *Die Preisgabe und innere Lösung von den Götzen* gehört zu dem, was (S. 41 f.) über die Absage ausgeführt wurde. Aber es soll hier noch hinzugefügt werden, daß wir diese Dinge sozusagen nur in den Griff bekommen, wenn wir sie unters Kreuz tragen und so die Schlange gewissermaßen am Genick packen, mit ihrem Namen nennen und sie Christi Macht überlassen. Viele Christen kommen deshalb nie von der bannenden Gewalt der kulturellen und theologischen Gegebenheiten los, weil sie diese nie in ihrer Tragweite erkannten und sich auch nie recht von ihnen lösen wollten und konnten. Sie haben die Preisgabe nicht vollzogen und vollziehen sie auch im täglichen Leben nicht ständig neu. Weil sie gebunden sind und diese Abhängigkeit liebhaben, weil sie nicht bereit sind, sich zu lösen, sich zu distanzieren, kann auch die Erlösungskraft Jesu nur beschränkt an ihnen und durch sie wirken.

IV. Der Zerbruch der geistigen Fähigkeiten

Gott will uns in dieser Loslösung von den Götzen helfen, hin zur Beschlagnahme durch ihn. Dies ist eine selige, wohltuende, gesegnete Beschlagnahme, die alles andere ist als eine Zwangsherrschaft. Hier kommt das Leben erst zu seiner Erfüllung. Aber er muß uns loslösen. Darum zerbricht er oft diese geistigen Gegebenheiten.

1. Der Zerbruch

a) Gott zerbricht die Letztbestimmtheit durch geistige Werte in der *allgemeinen Buße*. Das geschieht, wenn der ichsüchtige, genußsüchtige Mensch in der Buße über seine Süchte und Neigungen zerbrochen vor dem Herrn liegt, dafür um Vergebung bittet und demütig anerkennt, daß er ein Götzendiener war. Das ist „allgemeine" Buße, in dem Sinn, daß sie bei allen Christen immer neu eintreten wird. Nur so kann uns Gott von den Dingen losmachen.

b) Gott löst uns durch die *Entziehung* der geistigen *Betätigung* oder mittels besonderer Umstände (Familie, Beruf, Werk Gottes). Gott hilft uns, wirklich geistlich bestimmt zu leben und die geistigen Werte in der richtigen Rangordnung zu üben, indem er sie uns zeitweise nimmt. Ich habe das schon oft erleben müssen. Ich betrachte dies dann als Kur und Gabe Gottes, damit ich nicht so verliebt bin in diese Dinge. Eine Entziehung geschah z. B., als ich länger krank war und eine Zeitlang infolge körperlicher Schwäche kaum geistig arbeiten konnte. Als Pfarrer wurde ich oft durch meine Berufspflichten gehindert. Die Familie fordert das ihre. Wenn Kinder da sind, brauchen sie den Vater, und man kann nicht so egoistisch sein und die Kinder einfach Kinder sein lassen. Der Beruf und das Werk Gottes, der aktive Dienst an Menschen raubt oft die Möglichkeit, sich diesen kulturellen Werten in größerem Maß zu widmen. Das ist in Gottes Hand ein Erziehungsmittel, weil andererseits gerade liebende, dienende Tätigkeit besonders die entscheidenden geistlichen Werte in unser Leben bringt. Jesus ist das Dienen aus Liebe zu ihm wichtiger als die künstlerische Selbsterfüllung, wichtiger als die

Weiterführung geistigen Schaffens. Wenn Jesus unser Leben steuert, wenn wir unter Führung stehen, ist es oft so, daß die Liebe uns drängt zu irgendeinem Dienst im Reich Gottes, in der Mission oder in der Familie, und wir müssen unser geistig-künstlerisches Schaffen zurückstellen. Nur so kommen dessen Interessen äußerlich und innerlich an ihren richtigen Platz und verdrängen nicht die eigentlichen Aufträge Gottes und die Liebe zu ihm. Es ist ein sehr großer Egoismus, wenn etwa Familienväter diese geistigen Werte so in den Vordergrund stellen, daß alles andere darunter leidet. Sie hätten besser nicht geheiratet. Im Leben vieler großer Künstler und Intellektueller gibt es diesen Zwiespalt. Er wird mit oder ohne Jesus angegangen werden. Er kann fruchtbare Spannung oder nur Notlage bedeuten. Einer großen Begabung wohnt eine große Verpflichtung zur Betätigung inne. Der Heilige Geist lehrt, sie recht wahrzunehmen.

2. *Hingabe* der Fähigkeiten unter dem *Kreuz* — durch Tod zum Leben.

Wir sehen in Römer 6 das Mitsterben und Mitauferstehen mit Christus. Das ist ein Grundschema unseres christlichen Lebens. Hinter dessen Tatsächlichkeit und sein Geheimnis bin ich noch nicht ganz gekommen. Aber so viel habe ich begriffen, daß es bei uns Christen auf dem Weg der Heiligung nicht durch Verbesserung geht, sondern durch Sterben. Wir werden also nicht durch moralische Vorsätze anders, auch nicht durch Mystik, sondern allein dadurch, daß wir die Sünde und auch das geschöpfliche Leben in den Tod geben. Selbst das künstlerische, produktive Wirken ist ein Teil unseres kreatürlichen, schöpfungsmäßigen Daseins und von der Sünde durchdrungen. Wenn wir hier zu einer echten befreienden Tätigkeit für den Herrn kommen wollen, müssen wir oft durch einen Tod zu einem neugeschenkten Anfang und Leben hindurchgehen. Diese Auferstehung eines Christen ist in einem gewissen Sinne so wunderbar wie die Auferstehung Jesu am Ostermorgen, weil es sich auch hierbei eben nicht um menschlich-seelische, von uns ausgehende Vorgänge handelt. Gott gibt uns in den Tod und verleiht uns danach eine neue Lebensgabe durch Auferstehung, durch den Auferstehungsgeist Jesu. So ereignet es sich, daß auch diese Fähigkeiten immer wieder neu zerbrechen und sterben und daß ein täglicher Neuanfang geschenkt wird. Die göttlichen Neuanfänge oder Lebensgaben sind das, was das geistliche Leben ausmacht. Da hinein sind die geistigen Fähigkeiten eingebettet. Das kann hier nur andeutend umschrieben werden. Wer aber geistlich lebt, wird immer wieder solche Dinge erfahren: im Gebet, in der Hingabe des ganzen Daseins und dann, wenn er auch das geistige Leben dem Herrn ausliefert und unterordnet. In dieser Weise ist es wesentlich, daß wir eine erneuerte Betätigung, eine geistliche, eine aus der Wiedergeburt stammende Ausübung dieser Fähigkeiten bekommen.

3. Unterordnung der natürlichen Fähigkeiten unter die Herrschaft, Leitung und Verfügungsgewalt Christi.

Hier ist 2. Korinhter 10, 4. 5 wichtig: „... wir nehmen gefangen die Vernunft (wörtlich: „jeden Gedanken") unter die Herrschaft Christi." Paulus schreibt an die Korinther, an typische Griechen, die das hellenistische Denken in sich trugen und die von daher ihre Schwierigkeiten hatten, richtige, kreuztragende Jünger Jesu zu werden. Deshalb spricht er oft von der Vernunft und der natürlichen Weisheit, die unter die Herrschaft Christi kommen soll. Die Bollwerke Satans, die sich gegen die Gotteserkenntnis erheben, sind oft geistiger Art. Die autonome Vernunft baut solche Festungsanlagen auf, und wir haben deren in der Geschichte der Literatur, in der Geisteswelt und auch in der Theologiegeschichte eine ganze Menge. Paulus zerstört mit seinen geistlichen Waffen diese Art Bollwerke (V. 4). Er geht also zum Angriff auf sie über und weiß: Es gibt eine Macht, die diese Bollwerke niederlegen kann, und sie so wie eine Festung zerstört und eingeebnet werden. So geht von der wahren Weisheit Jesu eine bezwingende, alle falsche Weisheit („Höhe", V. 5) zerstörende Wirkung aus. Jesus erweist sich darin als der Herrscher, als der Allherrscher, der darauf Anspruch hat, daß die Vernunft, die von ihm geschaffen ist, unter seinen Gehorsam gefangengenommen wird, in Kriegsgefangenschaft kommt als seine

Dienerin. Sie soll ein Sklave, ein freiwilliger Diener seiner Größe und seines Namens werden. Das muß auch ein bekehrter Christ gerade mit seinem autonomen Verstand vollziehen.

Vielen ist es geistlich gar nicht einsichtig, daß dies notwendig ist. Darum gibt es auch so zahlreiche Gemeindehelfer und Pfarrer und vollberufliche Arbeiter, die nie ihre Vernunft in diesem Sinne unter den Gehorsam Christi gefangen gaben. Sie meinen immer, dies bedeute das „sacrificium intellectus", das Opfer des Verstandes. Sie sind der Ansicht, sie müßten den Verstand abschalten — ich komme noch darauf, daß das durchaus nicht nötig ist, er wird eingeschaltet. Sie denken, sie müßten die Ehrlichkeit darangeben und auf dumme Weise etwas glauben, was nie ein Mensch eigentlich glauben kann. So ist das nicht gemeint! Sondern hier handelt es sich um einen Gehorsamsakt, eine innere freie Unterstellung unter den allein weisen Herrn und unter seine Führung. Es geht hier um eine geistliche Angelegenheit ersten Ranges! Jesus will auch unser Vernunftsleben gefangennehmen, „beschlagnahmen" würden wir heute sagen. Die Kriegsgefangenschaft steht als Gleichnis hinter diesen Aussagen. Gefangennahme bedeutete den Gang in die Sklavendienste, in die völlige Verfügbarkeit aller Kräfte für einen Herrn. Diese Wirklichkeit gilt genau für uns Christen (S. 48—60). Demnach wird hier die berühmte Autonomie (S. 64 f.), die Selbstbestimmtheit angegriffen, und es tritt an ihre Stelle die Theonomie oder Christonomie, die Gottbestimmtheit und Christusbestimmtheit.

Dies wird am Bild des *Hauptes* und der Glieder (Eph. 4, 15 f. u. a.) klar. Es stellt den biblischen Tatbestand dar, wie Jesus über uns verfügt. Er ist das Haupt, das die leitenden Impulse weitergibt an die einzelnen funktionierenden Glieder, die diesen Willen zur Ausführung bringen. So ist unsere Vernunft innerhalb der verschiedenen Fähigkeiten, die Gott uns gegeben hat, ein wichtiges Werkzeug, das aber vom Oberhaupt, von Jesus her geleitet und gesteuert wird. Gerade auf dem Gebiet des geistigen Lebens fällt eine *Kapitulation* erheblich schwer. Deshalb haben sogenannte gebildete Menschen mit der Bekehrung besondere Schwierigkeiten, weil sie diese Kapitulation auf geistigem Gebiet nicht als zur Freiheit notwendig einsehen, weil sie nicht gerne die Waffen strecken und diese Festung übergeben.

Das erleben wir an uns, wie dauerhaft opponierend, widerspenstig und ungebärdig gerade unser geistiges Dasein ist; es ist ein Hauptsitz des Widerstandes gegen den göttlichen, wunderbaren, geistlichen Willen. Hier wird das Wort des Herrn (Matth. 11, 25) wieder deutlich: „Du hast dies den Weisen und Klugen verhüllt und den Unmündigen offenbart." Unmündige haben sich solche Festungen nicht selbst erbaut, aus denen die Weisen und Klugen herausschießen, die sie so ungern in fremde Gewalt übergeben, auf die sie so stolz sind, in denen sie ihre eigene Kraft ausüben können, wo ihr alleiniger Verfügungsbereich ist. Personen, die auf geistigem Gebiet nicht so viel arbeiten, haben diese Schwierigkeiten nicht, weshalb auch erfahrungsgemäß in der Jesusgemeinde auf hundert einfache Menschen ein, zwei oder fünf Gebildete kommen. Das hat seinen Grund nicht darin, daß das Christentum die Gebildeten nicht anspräche oder nicht die wahre Lösung für ihre Nöte brächte — gerade auch geistige Nöte werden unter Jesus zurechtgebracht —; unsere menschliche Sünde, unsere Rebellion und unser Stolz, unsere Selbstherrlichkeit und unsere Unbeugsamkeit sind die Ursache.

Bei allen diesen Dingen wird meist die Bedeutung der *Sünde* übersehen. Wir müssen eben von der Sünde erlöst werden und nicht von Unbildung oder geistiger Minderbemitteltheit. Aber von Sünde wollen alle stolzen Geister nichts hören. Gerade die eben genannten geistigen Sünden der Rebellion und der Einbildung sind es, die sehr ins Gewicht fallen und uns entscheidend an der Nachfolge hindern. Hier zu kapitulieren, die Vernunft, unser eigenwilliges, stolzes Denken willig dem Herrn auszuliefern, das ist das eigentliche Sterben unter dem Kreuz. Wir dürfen kapitulieren, aus unserer Festung ausziehen und dem Herrn gehören als Kinder und als Brüder unter allen einfachen Menschen. Dann sind wir von dieser falschen Höhe befreit. Das ist eine entscheidende Erlösung.

F. Das geistige Leben als Diener des geistlichen Lebens

Die eigentliche Bestimmung des geistigen Lebens ist die Einordnung in Gottes Willen und Dienst. Es geht nicht um Verdrängung oder um Auslöschung, sondern um die rechte Einordnung.

I. Die neue Bewertung des geistigen Lebens gegenüber dem geistlichen beim wiedergeborenen Menschen

1. Das geistige Leben ist nicht mehr Selbstzweck

Das weitverbreitete Kennzeichen des üblichen geistigen Lebens ist Selbstzweck und Höchstbewertung. Auch die Kommunisten, die ursprünglich gegen dieses geistige kulturelle Leben der Bourgeoisie waren, haben dieselben Linien eingeschlagen. Nur das Gesellschaftssystem und die atheistische, erklärt materialistische Grundeinstellung machen den Unterschied zum kapitalistischen Westen aus. Auch dort ist also der höchste Wert der geistige, besonders der gesellschaftspolitische. Beim nicht wiedergeborenen Menschen ist es immer so, daß hier das Schwergewicht liegt. Das geistige Leben als solches ist Selbstzweck und wird vom höchsten, vom göttlichen Standpunkt aus gesehen vergötzt. Eine rein menschliche Gestaltung bekommt den ersten Wert.

2. Bewußte Abkehr von dieser Bewertung in immer neuen Entschlüssen

Wir sollen von Gott her, geleitet von seinem Heiligen Geist und von der Offenbarung der Bibel, die Dinge richtig sehen lernen, sie an den ihnen zukommenden Platz stellen und diese vergötzende Überbewertung als Sünde erkennen. Sie ist die eigentliche geistige Sünde, über die Gott eifersüchtig wird. Er sagt in diesem Sinne besonders 5. Mose (4, 24. 59): „Ich bin ein eifersüchtiger

Gott und lasse meine Ehre niemandem." Zu den Götzenbildern des alten Israel gehörten viele steinerne, silberne und goldene, kunstvolle Standbilder. Genauso bei den Griechen: Paulus entsetzte sich über sie, als er durch Athen ging. Diese klassisch schönen Götterstatuen erschienen ihm als Abfall in die Kreaturvergötterung, ja in die dämonisierte Denkweise hinein. Das war auch so. Man kann freilich nur von der Offenbarung Gottes her so denken und sehen lernen.

3. Nicht Abwertung, sondern Einordnung

Das Gesagte bedeutet keine Unterbewertung, Unterdrückung oder Vernichtung des geistigen Lebens, sondern zielt auf seine rechte Einordnung und Sinnerfüllung innerhalb aller Bereiche unseres Lebens und Denkens hin. Wenn wir biblisch sehen, sind die Dinge nicht so einfach, wie es mit einem Kurzschlußverfahren manchmal von uns Christen getätigt wird. Wir drängen diese Gebiete einfach alle beiseite und sagen in falschem Sinn: „Nun also nichts als Gott!" Ebensowenig können wir hier aber eine Partnerschaft erklären: „Gott *und* die Dinge", „Gott *und* Kultur". Nur von der Offenbarung her finden geistlich geführte Menschen die richtigen Lösungen. Wir müssen auch dem geistigen Leben seine echte, geschöpfliche Stellung geben, die es von Gott her hat (S. 55—60). Daß man es unterdrückt oder ganz und gar disqualifiziert, wie es schon im Extrem — etwa bei bestimmten Mönchsorden — gemacht wurde, ist auch kein Weg. Das geschöpfliche und das geistliche Leben erfordern in irgendeinem Maße eine Zuordnung zueinander, und es gilt von der Erlösung her diese richtige Zuordnung zu finden.

Thomas von Aquin (1226—1274) versuchte die natürliche Vernunftarbeit und die göttliche Vernunft zu koordinieren. Er hatte ein richtiges Anliegen. Leider fing er die Sache falsch an. Auch er suchte das richtige Verhältnis zwischen beiden Welten zu bestimmen, hat sie aber einfach wie auf einer Ebene ineinander konstruiert, ineinander gelegt. Im Grunde hat er als griechisch bestimmter Denker von Aristoteles her die Dinge klassifiziert und betrachtet, gewertet. Er hat nicht als wiedergeborener

Christ von Gottes Geist erleuchtet gearbeitet. Unserer theologischen Wissenschaft hat er auf diese Weise eine schlechte Hilfe gegeben. Gerade er und die *Scholastiker* sind Verführer zu einer falschen Theologie — nicht so sehr inhaltlich, sondern der Denkweise und Methode nach. Wir werden dies noch sehen. So stehen wir vor der Frage der rechten Gestaltung einer Theologie und der richtigen Zuordnung von geistigem und geistlichem Leben.

II. Die Durchdringung des geistigen Lebens mit dem geistlichen

Gottes Geist durchdringt das geistige Leben. Er durchdringt das Unerleuchtete und erleuchtet das Sündige und reinigt es.

1. *Paulus* hatte viel mit Griechen zu tun. Das forderte von ihm eine entschlossene Denkarbeit. Gerade ihnen gegenüber legte er die entsprechenden Zusammenhänge klar. Dies geschah u. a. 1. Korinther 1—3 in einer inspirierten, ihm von Gott offenbarten Schau. Er selbst gebraucht an anderer Stelle die Wendungen: „Gott *erleuchte* die Augen eures Herzens" (Eph. 1, 18), „gebe euch Erleuchtung zur Erkenntnis der Herrlichkeit Gottes auf dem Angesicht Jesu Christi" (2. Kor. 4, 6). Damit meint er die Kraft des Heiligen Geistes, die innerhalb unseres natürlichen Denkens aufleuchtet und, wo etwas dunkel ist, es erhellt. Ich vergleiche das mit dem Leuchtbild eines Geschäftes, auf dem die Schrift tagsüber kaum auffällt; wenn aber bei Dunkelheit dahinter die Lampe eingeschaltet wird, erscheint strahlend hell der Firmenname. So ist geschöpflich alles da: Das natürliche Denken ist vorhanden. Aber in der Bekehrung tritt auch diese erleuchtende Funktion des Heiligen Geistes in Aktion. Ein rechter Gottesgelehrter hat einen erleuchteten Verstand. Der Verstand ist als Werkzeug vorhanden, aber der göttliche Geist durchleuchtet dieses Werkzeug und gibt die Einblicke und die Durchschau und auch Mitteilungen aus der Inspiration heraus, aus der geistlichen Erfüllung heraus, aus dem, was Gottes Geist in uns tat und tut. Wenn ich nachts oder gegen Morgen nach betendem Nachdenken anfange zu schreiben, etwa einen Bericht oder einen Aufsatz wie „Der kindliche Geist" oder „Konkreter

Glaube", so ist beides in einer erstaunlichen Einheit beisammen: ein exaktes, kristallreines Denken und die Kraft und die Gnade des Herrn, so daß man nachher eigentlich verwundert ist, was bei dieser Arbeit entstand. Das ist gar nichts Mirakulöses, sondern eine echte Wirkung des Heiligen Geistes. Man weiß nicht, wie dieses geistliche Moment da hineingekommen ist, aber es ist darin und leuchtet daraus hervor.

2. Das Unerleuchtete wird also erleuchtet und *das Sündige wird gereinigt.* Auch die gelehrtesten Denker sind Sünder und benötigen die laufende Reinigung durch Jesu Blut besonders in Beichte und Austausch. Gerade die Lehrer müssen besonders in eine echte Lebensgemeinschaft eingebettet sein (S. 194 f.; 196). Der Austauschpartner zur Seelsorge und dauernd neuer Reinigung ihres Lebens ist notwendig: Denn wie soll ein Geist, ein Menschengeist richtig von Gott durchleuchtet werden, wenn unvergebene Schuld, vielleicht eine okkulte Belastung, ungebändigte Sinnlichkeit, das selbstsüchtige Wesen, die Eitelkeit voll im Gange sind? Da will und kann Gott keine wirkliche Erleuchtung schenken; hier wird allemal nur ein Produkt des natürlichen, frommen Verstandes herauskommen. Das heißt also, daß Heiligung des Lebens eminent mit Erleuchtung zusammenhängt — auch bei uns als Arbeitern für Gott, und daß man nicht das eine ohne das andere haben kann.

3. Dies ist bei uns Jüngern *stets neu* der Fall. Die Tätigkeit des Heiligen Geistes ist nie abgeschlossen. Der unbekehrte Mensch denkt sehr einfach und sehr falsch: „Wenn ich mich bekehre, sind sämtliche Fragen gelöst, dann bin ich erleuchtet, dann bin ich sündlos, dann habe ich keine Schwierigkeiten mehr, dann bin ich Gott unterstellt. Alles klappt vorzüglich." Das ist im Grunde noch eine Fehlerwartung des natürlichen Menschen. Er vermeidet um jeden Preis alle Schwierigkeiten und geht ihnen aus dem Weg. Wir sind als Sünder feige und faul von Natur. Darum gibt es auch so viele feige und faule Christen, welche die Gefahren nicht gesehen haben, die hier liegen. Diese erleuchtende und reinigende Tätigkeit des Heiligen Geistes, Gottes und Christi, muß sich stets neu an uns vollziehen, wenn wir als Denker, Redner und theologische Arbeiter etwas taugen wollen!

4. Aber doch besteht ein grundsätzlicher Unterschied zwischen einem unerlösten und einem erlösten Menschen. Bei einem erlösten Menschen ist *Christus* im Leben, ist Christus die Mitte; er *siegt*, er setzt sich stets neu durch, auch gegenüber dem Trend, gegenüber der Neigung zur Sünde. Er erweist seinen Triumph von Golgatha real. *Max Klinger*, ein Künstler des letzten Jahrhunderts, malte ein Bild: „Christus im Olymp" — ein ziemlich gewagtes Unternehmen. Er wollte damit den ebengenannten Sachverhalt darstellen. Man sieht Christus durch die Götterwelt der Antike schreiten. Die Gottheiten beobachten ihn neugierig, z. T. auch erschrocken. In diese Welt der geistigen Werte — denn die Götter waren auch Personifikationen geistiger Werte (S. 38 f.) — in diese Welt hinein tritt Jesus und durchschreitet sie als Sieger, als neue Erscheinung auf jenem Schlachtfeld — und sie müssen vor ihm zurückweichen. Sie können ihn nicht überwältigen. Er ist da als Bezwinger. So dürfen wir auch auf diesem geistigen Kampffeld immer wieder mit dem Siege Jesu rechnen. Wir dürfen ihm zutrauen, daß er uns immer richtig dirigiert von einer Klarheit zur andern, von einem Sieg zum andern. Er bewirkt und schenkt, daß wir die Dinge geistig und geistlich besser durchzuschauen vermögen und geübte Sinne bekommen, um auch auf diesem Gebiet zwischen gut und böse unterscheiden zu können.

III. Die Ingebrauchnahme des geistigen Lebens durch das geistliche

Die zerbrochenen, erneuerten, hingegebenen Fähigkeiten werden vom Geist Gottes und Christi in Dienst genommen, statt menschlich-autonom, selbstbestimmt zu sein.

Ich möchte die verschiedene Inanspruchnahme der geistigen Fähigkeiten beim wiedergeborenen und nichtwiedergeborenen Menschen zunächst einander gegenüberstellen und dann näher erklären.

Tafel

Geistbestimmter Gebrauch	*Menschlich bestimmter Gebrauch*
1. geleitet, geführt, gesteuert	willkürlich, aus dem „Ich“
2. sinnerfüllt, produktiv	unfruchtbar, ohne letzten Lebenssinn
3. dienend, weg vom „Ich“, Jesus dient in uns	egoistisch, aggressiv
4. lebend für Gottes Reich und zu seiner Verherrlichung	vergänglich, auftragslos, zur Verherrlichung des Menschen

Gott muß oft durch schmerzliche Erziehungswege Dinge und Kräfte zurechtrücken. — Wie sieht nun die richtige Anwendung der geistigen Fähigkeiten aus?

1. Gott leitet uns, *führt* uns (S. 27 f.; 148 f.) durch seinen Geist und steuert uns; wir haben also eine höhere Bestimmtheit durch den Willen Gottes im Leben. Wir sind gerade nicht der Welt und dem Zufall, der Bosheit der Umgebung und der Macht der Verhältnisse preisgegeben, wie die Menschen, die nie gelernt haben, aus dieser Direktion zu leben. Sie sind auf ihren menschlichen Verstand und auf ihre Leidenschaften und selbstsüchtigen Triebe angewiesen. Wie ganz anders sieht das Leben eines gottgeführten Menschen aus, als das eines ichbestimmten! Das willkürliche Darauflosleben, bei dem man eigentlich nicht weiß, woher man kommt und wohin man geht, hört auf. Es glich einem heulenden Automotor. Erst wenn wir in die Verfügung Gottes durch Übergabe unseres Lebens kommen, wird der Gang eingelegt und der Wagen setzt sich in Bewegung. Vorher machte die Maschine zwar Lärm, aber die Kraft verpuffte nutzlos. Bei vielen Christen ist der entscheidende Fehlpunkt, daß sie ihr Leben praktisch nicht übergeben, sondern weiterhin selbst über sich verfügen und es selbst steuern. — In dieser Kapitulation liegt die eigentliche Entscheidung, die eigentliche Wende. Erst wenn sie geschehen ist, kann Gott dieses Werkzeug überhaupt gebrauchen und nach seinem Willen steuern. Das Ganze ist dann noch mit genug Unvollkommenheit verbunden; aber der Herr ist im Leben. Christus lebt in mir.

2. Damit wird unser Leben *sinnvoll* und *produktiv*. Es kommt eine Freude hinein, die aus dem tiefen Auftrag stammt, für Gott und Jesus dazusein, ihn zu verherrlichen und ihm Menschen zuzuführen. Wir wissen, wozu wir auf der Welt sind. Dieses fehlt vielen jungen Menschen, die ein feines Gefühl für Leere und Vergeblichkeit haben und die in Resignation, „Frustration" und Unmöglichkeit der Zielerfüllung ihres Lebens stecken. Ihnen stellt sich die Frage: Was ist der Sinn meiner Existenz? Wozu bin ich auf der Welt? Der tiefe Hintergrund dieser Frage ist, daß in der Tat etwas Besseres auf sie wartet und daß sie die Wahrheit erahnen. Diese dringt auch auf *sie* ein, teils durch das Zeugnis der Christen, teils durch direkte Einwirkung von Gott: „Mensch, es wartet etwas Besseres auf dich als dieses nutzlose Drehen um dich selbst!" Wenn wir hier im Westen alles erlangt haben, was wir früher als unerreichtes Ziel vor Augen hatten, und wenn selbst in Rußland ein gewisser Wohlstand erreicht ist, wenn das Ziel eines Aufbaus aus dem Nichts einigermaßen erfüllt ist — dann kommt die große Frage: Wozu bin ich jetzt da? Wozu dient das alles? Es ist ein tiefes Wort:

Ruh' kann die Welt nicht geben
dem Geist, der ewig ist.
Nur dem wird Ruh' und Leben,
dem du, Herr, alles bist.

Auch wir erleben an uns selbst immer wieder: Sowie wir uns an diese Dinge hängen, werden wir letztlich unbefriedigt und enttäuscht sein.

Wir dürfen also auch eine Botschaft des *produktiven* und erstaunlich schöpferischen Lebens bringen. Nirgendwo wird das Leben produktiver und schöpferischer, wandeln und erfüllen sich Dinge mehr, als unter der Herrschaft Christi. Man wird alles andere als ein beraubter, armseliger Lebensverneiner. Man bekommt viele Dienste, welche Weisheit und Kraft verlangen, und die so befriedigend sind, daß man nur staunt. Erst neulich erlebte ich das wieder. Ich mußte eine Treppe tiefer im Büro etwas erledigen. Als ich nach unten kam, traf ich zwei Vertreter, die gerade angekommen waren. Es waren Katholiken, wie sich herausstellte. Diese sind von Hause aus häufig weit religiöser als wir. Auch hier handelte es sich um aufrichtige Leute. Sie brachten vom Geschäftlichen ausgehend die Frage, was wir hier tun. Ich kam dann auch auf Heilsgewißheit zu sprechen, und sie bekannten, daß sie diese nicht hätten. Es war ein äußerst gutes, nützliches Gespräch — so recht geeignet, diesen Handelsreisenden die wesentlichen Dinge des Evangeliums nahezubringen. Ich dachte nachher: Wie schön ist es doch, für Jesus dazusein und solchen Menschen, die ins Haus kommen, einen vielleicht entscheidenden Dienst zu tun. Einer von ihnen paßte sehr gut auf, der andere hatte mehr Einwände. Oft sind Menschen, denen wir „per Zufall" begegnen, innerlich vorbereitet und sehr hellhörig. Solche „Abenteuer" im guten Sinnen, solche Überraschungserfolge haben wir Christen durch die Führung Gottes im Leben oft. Wir sind Lichter in dieser Welt! Ein solches möchte ich immer sein.

3. Die Durchdringung des geistigen Lebens mit dem geistlichen muß uns dahin bringen, daß wir ein *dienendes* und kein herrschendes Dasein führen. Der Herr sagt (Matth. 20, 25 ff.; Mark. 10, 44) sinngemäß: „Wer unter euch groß, maßgeblich, einflußreich, leitend sein will, der mache es nicht wie die Großen dieser Welt, sondern sei aller Diener." Auch 1. Petrus 5, 3 gibt die Richtlinie: Es soll keine Herrscher, sondern nur Hirten über die Herde geben. Die Hirten und Leitenden dürfen dienen. Nur in einer dienenden Leitung erfüllen sie ihren Auftrag richtig. Wie viel schöner, jesusgemäßer und göttlicher ist ein solches Verhalten, als die übliche Herrscherei, das Anrempeln und Niederhalten, die Eifersucht, die so manchen verzehrt. Man ist bestrebt, sich mit im Aufstieg mit den Ellbogen durchzusetzen. So ist es in allen Lebensbereichen, in Wirtschaft und Industrie, Handel und Verwaltung. Den Leuten wird dadurch das Leben vergällt, viele Kontroversen unter den Kollegen werden verursacht. Sie selbst werden in eine namenlose Hetze getrieben. Abends schleppen sie noch ihre Akten mit nach Hause, um ja irgendeine Spitzenposition zu bekommen. Das haben wir alles nicht nötig. Wenn wir geführt sind, können wir auch Spitzenpositionen in der Industrie erreichen, aber ohne alle diese Machenschaften. Dann wird uns der Herr, wenn er will, durch die Qualität

unserer Arbeit und durch das Wohlwollen, das wir in den Herzen der anderen finden, vorwärtsbringen und uns auch an wichtige Stellen führen.

4. Wir sind als Beauftragte *für das Reich Gottes fruchtbar* und durchlaufen unsere Tage letztlich nicht nutzlos in einem leeren Leben, das vergeht, wenn wir vergehen. Wir haben Frucht für die Ewigkeit und bringen das Reich Gottes weiter, diese einzige wahre geschichtliche Bewegung, die es auf der Erde gibt. Alle anderen politischen, kulturellen Dinge haben ihre Grenze in der Sterblichkeit und Vergänglichkeit — und auch in einer gewissen „Eitelkeit", d. h. Vergeblichkeit (S. 31 f.). Aber das Reich Gottes und das, was wir dafür tun, das ist hier auf der Erde das Bleibende und geht auch mit uns in die Vollendung.

Wir dürfen hier schon zur Verherrlichung Gottes leben. Das ist die eigentliche Beauftragung und macht uns los von uns selbst. „Daß wir etwas seien zum Lobe seiner Herrlichkeit" (Eph. 1, 6. 12. 14), das ist unser Lebenszweck, ihn, wie die Engel droben, hier auf Erden anzubeten und zu loben und ihm zu dienen, daß er sein Werk an den Seelen durchführt und zum Ziele kommt — dafür sind wir da. Welch eine große, fast göttliche Aufgabe! Und wie armselig ist es, hieran gemessen, nur zur eigenen Verherrlichung zu leben!

IV. Positive Verwirklichung bei Hochbegabten

Die geistliche Durchdringung des geistigen Lebens wird besonders klar sichtbar an solchen „großen Geistern", die ihre außerordentliche Befähigung dazu verwandten, sie Christus zu unterstellen, hervorragende Denker, Künstler und Theologen. Was hätte Goethe für das Reich Gottes bedeuten können! In Straßburg saß er zwischen Lavater und Jung-Stilling, zwischen zwei der bedeutendsten Christen seiner Zeit, und er hatte nachher bloß das Wort: „Prophete rechts, Prophete links, das Weltkind in der Mitten." Er hat nur diesen Gegensatz empfunden und gewahrt, hat die Stunde nicht erkannt und angenommen, die ihm offenbar zugedacht war. Gott hat auch um diesen Freigeist gerungen. Solche großen, produktiven, schöpferischen, genialen

Leute sind auch für Gott ein Anlaß der Werbung. Es heißt in der Bibel (Jes. 53, 12): „Er soll die Starken zum Raube haben." Wir kennen in der Reichsgottesgeschichte ähnlich große, originale Geister wie in der Welt- und Kulturgeschichte, die dem Format nach, dem Ausmaß ihrer Veranlagung und ihrer Leistung nach letztere noch z. T. übertreffen. Ich habe das in meiner noch unveröffentlichten „Inneren Geschichte der Kirche" nachgewiesen. Denken wir z. B. an Musiker wie J. S. Bach. Er stellte seinen Schöpfungen die Worte voran: „Jesu juva!" d. h. „Jesus hilf!" Und unter das Werk schrieb er: „Soli deo gloria!" — „Gott allein die Ehre!" Bach wird zu den überragendsten Musikern unserer Geschichte und Kultur gezählt. Er gestaltete wohl gerade deshalb eine so inspirierte, herrliche Musik — etwa in der Matthäus-Passion, wohl dem Tiefsten, was je an Musik geschaffen wurde —, weil er seine großartige Begabung dem Herrn bewußt unterstellte. Er war ein pietistischer Lutheraner oder ein lutherischer Pietist. Ein Begnadeter im echten Sinn des Wortes.

Auch weitere bedeutende Künstler — etwa Rudolf Schäfer mit seinem Dresdener Schmucktestament und andere, sind hier zu nennen; ebenso die hervorragenden christlichen Dichter bis hin zu Rudolf Alexander Schröder, oder die großen Theologen. In der Theologiegeschichte des letzten und des jetzigen Jahrhunderts haben wir die von Gott begnadeten Männer wie Tholuck, Schlatter, Heim und andere. Das waren Menschen erstaunlichen Formats, Professoren und Lehrer großen Einflusses, auch als Schriftsteller. Das Kennzeichnende an allen diesen Könnern war, daß sie bewußt ihren eigenen Geist dem Herrn als dem ewigen Geist, der leitet, hingaben. Sie wollten ihm zur Ehre leben und in seinem Reich mitarbeiten. Wie ärmlich ist dagegen das Leben anderer genial befähigter Menschen gewesen, die es entweder vertaten, verträumten, verspielten oder nur weltlich-irdisch mißbrauchten. Wenn wir diese Begabung nicht recht verwenden, ist sie durch uns mißbraucht und nicht zum richtigen Ziele gekommen.

G. Auseinandersetzung mit anderen Anschauungen

Wir bringen nun die Einsprüche der Vertreter der Immanenz, des in sich gefangenen, rein auf sich beschränkten Denkens.

I. Katholisierung, Klerikalisierung?

Nach dieser Auffassung ist unsere Sicht katholisierend, klerikalisierend, d. h. die Kultur wird, wie sie meinen, *der Kirche unterstellt.* Ähnlich war es im Mittelalter, wo in der Tat die ganze sogenannte „weltliche Kultur" völlig dem religiösen, von der katholischen Kirche beherrschten Leben diente. (Immerhin gingen aus jener Epoche unerreichte Bauwerke hervor.) Wenn diese Unterstellung heute versucht werde, sei das unsachgemäß, denn die Kultur habe ihr eigenes Recht und könne nicht etwa einer christlichen Kirche untergeordnet und dienstbar gemacht werden. Hierzu ist zu sagen:

1. Wir haben unsere Befähigungen von Gott, und wenn wir sie evangelisch, evangeliumsgemäß benutzen, werden sie *seinen göttlichen Zwecken unterstellt,* nicht einer dazwischen geschalteten Mittelinstanz. Gott hat Anspruch auf diese Fähigkeiten, weil er sie uns geschenkt hat.

Wir dienen damit nicht im mittelalterlichen Sinn einer Kirche. In der Tat war es damals das Bestreben der Kirche, auch das ganze kulturelle Leben der Leitung des Klerus, des Priesterstandes, der Kirche zu unterstellen. Wir kennen eine solche Herrschaft nicht. Kein Klerus kann uns in diesem Sinne beherrschen. Wenn wir unsere Fähigkeiten im evangelischen Lebensganzen gebrauchen, ist nicht die Kirche oder eine Gruppe die Herrscherin, sondern wir dienen damit einem göttlichen Zweck. Wir arbeiten dann unter der Führung Gottes. Die pneumatische Verwendung unserer Veranlagungen ist ja in der Praxis von Gott gesteuert und geführt und durchdrungen. Das ist demnach eine Angelegenheit Gottes und seiner Herrschaft, nicht etwa der Kirche und ihrer Herrschaft.

2. Damit dienen wir praktisch der *Gemeinde* und dem Aufbau des Reiches Gottes, der Rettung und Indienstsetzung von Menschen für Jesus. Wir treiben an unserer Schule Welt- und Kulturgeschichte in dem Sinne, daß wir fähiger werden, eine Überschau über die Zeitepochen zu bekommen und den Blick *für geistige Wirklichkeiten* zu schulen. Wir tun das nicht als Selbstzweck, sondern um bei uns und anderen die totale Beschlagnahme durch Jesus praktisch anwenden zu können.

II. Kulturfeindlichkeit, Weltflucht?

Ein weiterer Einwand gegen die Unterstellung der geistigen Gaben unter Gott und Christus ist derjenige der Kulturfeindlichkeit und Weltflucht. Hier sagen wir:

1. Lediglich die *Vergötzung* wird aufgehoben. Es wird nur die primäre Rangordnung gewahrt und hergestellt, die zum richtigen Verhalten führt. Ich will das etwas näher umschreiben. Uns Jüngern wird vorgeworfen, wir hätten für Bildung und Kultur kein Auge. Wir Gläubige werden von altersher als Kulturfeinde, Barbaren und dumme Leute verzollt, die erstens von diesen Dingen gar nichts wissen wollen, zweitens aber auch nichts davon verstehen und deshalb meinen, ohne sie auskommen zu können. So sieht es von außen vielleicht manchmal aus, weil wir uns ja ausschließlich auf das Reich Gottes konzentrieren und diese Dinge für uns eben wirklich zweiten und nicht ersten Ranges sind — abgesehen von ihrer häufigen Fragwürdigkeit. Aber das bedeutet noch nicht, daß wir Barbaren sind. Wir haben nur die richtige Rangordnung hergestellt (S. 42 f.). Es geht also um die Vergötzung und um Aufhebung derselben: Die Dinge werden nicht um ihrer selbst willen betrieben. Wir ertrinken nicht in Ästhetik. Wir ertrinken nicht in Wissenschaft. Wir ertrinken nicht in Geschäften. Wir ertrinken nicht in Politik, sondern wir wissen alles recht zu gebrauchen in dem Sinne, wie Paulus (1. Kor. 7, 31) sagt: „Wer diese Welt gebraucht, soll sie nicht mißbrauchen.“

2. *Wir dienen auch der Welt* und vollziehen eine wichtige Aufgabe an ihr. Wir sind das Salz der Erde auch im kulturellen Sinne. Sie wäre schon längst verfault in ihrer Kulturvergötzung und im sexuellen Übermaß, wenn nicht die reinigende Kraft des Evangeliums immer wieder da hineinkäme und wirksam würde. Dies geschieht durch Menschen, die in ihrer Umgebung wirklich eine Potenz darstellen, eine erneuernde, sogar kulturerhaltende Kraft. Wenn eine Kultur, wie die alte griechische und römische, an ihrer eigenen Fäulnis zugrundegeht, nützt die schönste Kunst nichts; sie hat ja auch den Griechen und Römern im Endeffekt nicht geholfen. Sie kann nicht zur Erlösung beitragen. Andererseits geben auch Mohammedaner, z. B. in Indonesien, zu verstehen, daß die technische Überlegenheit der Europäer von der Überlegenheit der christlichen Religion herkäme, und sie wollen z. T. deshalb diese Religion annehmen. Ein uns etwas ungewöhnlicher Gedanke. Aber er hat viel Wahrheit in sich. Das Abendland samt seiner kulturellen Blüte ist und bleibt eben doch ein christliches Abendland. Es wird sich erst noch zeigen müssen, was aus ihm wird, wenn es einmal ein atheistisches Abendland geworden sein sollte. Die sittliche Kraft und der Fleiß, die Produktivität dieser Region kommt großenteils vom Christentum her; sie ist freilich auch volksmäßig bedingt, aber nicht nur.

3. Diese kulturellen Werte sind gewissermaßen nur das *Nebenprodukt,* nur die Nebenwirkung des Reiches Gottes. Was anderen der höchste Lebenszweck ist, wird bei uns nur bedingt betrieben. Deshalb kommen wir ja auch in den Geruch der Kulturverachtung. Die ewigen Werte, die hier das Leben durchdringen und es steuern, sind uns viel wichtiger als zeitliche und irdische Ziele. Die Rangordnung ist: Zuerst das Reich Gottes, und das andere fällt uns dann auch noch zu, und nicht umgekehrt. Aber gerade von diesem Absolutheitsbewußtsein des Christentums und dieser Ausrichtung auf das Unvergängliche lebt auch die weltliche Kultur. Und vieles an der europäischen Zivilisation, an ihrer Überlegenheit, an Kunst und an Wissenschaft, ist die säkularisierte Auswirkung des Christentums. So kommen z. B. Mediziner oder Künstler häufig aus Häusern von Theologen. Ihr sittliches Bewußtsein ist noch vom Elternhaus her gesteuert

und wird dadurch reguliert, während viele andere, die nicht diese Erziehung im christlichen Denken gehabt haben, haltlos und fessellos sind und ihre schöne Kraft vergeuden. Es wird auch hier noch abzuwarten sein, was dabei herauskommt, wenn alle sogenannten „Tabus" fallen, wenn die bis heute noch geltenden — wenn auch oft nicht befolgten — unberührbaren Normen unseres christlichen Abendlandes bewußt beseitigt werden. Ich habe im Orient gesehen, welch ein Schlendrian dort üblich ist. Wo Mohammed herrscht, ist Bestechung, Faulheit, Haß und unproduktive Lebensgestaltung; dort ist das Genießerleben der Männer auf Kosten der Frauen Trumpf. Das rührt daher, daß sie keine Christen sind und keine Regelung im Sinne des Evangeliums kennen. Selbst wenn diese Regelung nur gesetzlich und nicht pneumatisch wäre, hätte sie positive Auswirkungen. Denn auch das gesetzliche Christentum kommt vom geistlichen Christentum her, und von diesem geistlichen Christentum der Gläubigen dringt es über die kirchlichen, noch religiös gebundenen Menschen hinein ins Volk. Es bleibt bestehen: „Gerechtigkeit erhöht ein Volk, aber die Sünde ist der Leute Verderben" — auch kulturell. Das wurde schon oft deutlich. Der moderne Mensch, der gegen die Maßstäbe des Evangeliums rebelliert, zehrt im Grunde von überkommenen Gütern, die als Auswirkung des Evangeliums noch vorhanden sind. Dies sind die Werte, die er nun grandios verwirtschaften will und die dann eines Tages auch fort sein werden. Wehe dem christlichen Abendland, das nicht mehr christlich sein will, wenn die Kraft und die Maßstäbe des Evangeliums verschwunden sind.

III. Verletzung der Autonomie der Wissenschaft?

1. Der Begriff der Autonomie

Autonomie heißt Unabhängigkeit, Selbständigkeit, Funktion ganz nach eigenen Gesetzen. „Autos" bedeutet „selbst" und „nomos" „Gesetz". Es ist also die Eigengesetzlichkeit etwa der Wissenschaft oder auch der Kultur gemeint. Es steht fest, daß diese Autonomie gerade der Wissenschaften im Abendland sehr viel hervorgebracht hat. Die Griechen wandten zum ersten Mal das autonome Denken an. Sie begannen die Naturwissenschaften durch neutrale Beobachtung der Naturvorgänge und machten sich los von mythischen Erklärungen. Mythisch dachten z. B. auch die Germanen, die bei einem Gewitter, bei Donner annahmen, daß in diesem Augenblick ihr Gott Donar seinen Hammer durch den Himmel werfe. Wir kamen dann durch genaue Beobachtung im Lauf der Zeit dazu, die Elektrizität als Ursache der Gewitter, der Blitze und des Donners zu erkennen. Diese Befreiung vom mythischen Denken hat im wesentlichen unsere abendländische Größe und Zivilisation hervorgebracht, indem man die Natur vorbehaltslos beobachtete und sie zum eigenen Besten ausnützte. Insofern sind auch wir Kinder dieses Abendlandes. Die wissenschaftliche Arbeit an der Welt geschieht ohne Unterstellung unter metaphysische, religiöse, weltanschauliche Zwecke und Gebundenheiten. (Metaphysisch heißt: In eine Welt über dieser Welt hineinreichend.) Insofern kann auch die Kirche den Naturwissenschaftlern, ebenso den Geschichtswissenschaftlern nicht vorschreiben, was sie und wie sie zu forschen haben. Sie sind zwar persönlich Gott unterstellt und verantwortlich, aber ihre Methode und ihre Ergebnisse müssen unabhängig und sachlich zustandegebracht werden. Nur so kann man exakt wissenschaftlich arbeiten.

2. Die Vorgegebenheiten der Wissenschaft

Wenn uns nun der Vorwurf gemacht wird, wir würden die Autonomie der Wissenschaft durchbrechen und die Eigengesetzlichkeit wissenschaftlichen Denkens zugunsten einer Fremdbestimmtheit aufgeben, so halten wir demgegenüber daran fest: Wie die Wirklichkeit zeigt, sind auch die Wissenschaften nicht autonom, selbst wenn sie dies behaupten. Sie gehen grundsätzlich von irgendeiner weltanschaulichen Vorgegebenheit aus, von irgendwelcher Einstellung, einer materialistischen oder anderen Anschauung. Die russischen Wissenschaften bezeichnen sich selbst als materialistisch und erklären, dies sei die einzige der Wirklichkeit entsprechende Weltbetrachtung. Das ist eine reine Behauptung und durch die Weiterentwicklung der Wissenschaft seit dem 19. Jahrhundert auch sachlich überholt. So ist diese atheistische

Weltanschauung oder Wissenschaft viel dogmatischer als die oft des Dogmatismus beschuldigte kirchliche Weltschau, hinter deren Lehre eine Wirklichkeit steht. Wenn Atheismus, Materialismus und theologischer Existentialismus Wunder bestreiten, so haben frühere und auch die jetzt in der Erweckung in Indonesien geschehenen Wunder ihre Realität herausgestellt und deren Bestreitung nun im Gegenteil als Aberglauben und Mythos erwiesen. Wer Jesus als frommen Propheten oder Sozialrevolutionär aus den Quellen der Evangelien herausliest, tut diesen Gewalt an und verfährt unsachgemäß. Strenge historische Methode kann nie so handeln. Hier werden viele Theologen durch die falsche Methode der Sache nicht gerecht.

So trägt jeder an die Bibel sein Maß des Verständnisses heran, aber am besten wird ihr nur der gerecht, der sie im Heiligen Geist, ihrem Schöpfer, liest und an ihr arbeitet.

IV. Gott als Objekt der Theologie?

1. Gott ist nie Objekt

Gott kann nicht unser „Objekt" sein, gleichwie sonst ein „Gegenstand" „Objekt" unserer Forschung ist.

a) Man kann sich seiner nicht in der Weise *bemächtigen*, wie man sich etwa eines Streichholzes oder einer Wasserquelle oder einer Sternschnuppe wissenschaftlich bemächtigt, sie analysiert, behandelt, dem Denken unterwirft. Er ist ja der Schöpfer aller dieser Dinge. Und als Schöpfer kann er nicht den Geschöpfen gleichgestellt und dieser Art Forschung und Denken und Verhalten unterworfen werden.

b) Es gibt ihm gegenüber *keine neutrale*, unbeteiligte *Stellungnahme*, wie etwa einem Gemälde gegenüber. Vor einem solchen kann man noch zur Not rein objektiv und sachlich bleiben, obwohl es durch seine geistigen Ausstrahlungen schon stark auf uns wirkt und gewissermaßen ein Gespräch dadurch in Gang kommt. Aber Gott ist kein totes Ding. Man kann sich mit ihm einfach nicht auf diese Weise beschäftigen, wie es leider manchmal ehrfurchtslos in der Theologie geschieht. Es gibt in diesem Sinne keine neutrale Theologie.

c) Es ist auch keine *voraussetzungslose* Beschäftigung mit ihm möglich. Immer wird der Glaube oder auch der Unglaube eine Rolle dabei spielen. Alle Menschen müssen sich der göttlichen Wirklichkeit gegenüber entscheiden und Stellung nehmen. Was über Jesus gesagt ist, gilt auch vom Vater: Er ist den einen ein Stein des Anstoßes und den anderen ein rettender Felsen. Das macht ja gerade die religiöse Auseinandersetzung so leidenschaftlich, so beteiligt, weil Gott kein Gegenstand ist, sondern eine Person. Wenn man etwa schon auf dieser Erde Personen gegenüber ganz gleichgültig und reserviert bleibt, ihnen aber dadurch nicht gerecht wird, oder wenn man bei eng verbundenen Menschen durch Neutralität oder völlig sachliche Behandlung das persönliche Geheimnis der Betreffenden verletzt und die Verbindung gefährdet, so ist dies um so mehr der Fall bei der göttlichen Person; ihr gegenüber ist man immer in irgendeine Beziehung und Verantwortung gestellt.

2. Warum ist Gott kein Objekt?

Die Gründe dafür, daß Gott nie ein Objekt im naturwissenschaftlichen Sinn sein kann, sind folgende:

a) Als *Schöpfer* ist Gott der ewige Geist, den man nur im Geist und in der Wahrheit *anbeten* kann. Gott gegenüber ist nur die Haltung des Niederwerfens und der Huldigung (Offb. 4) angebracht. So soll das Geschöpf zu seinem Schöpfer stehen. So gebührt es sich für uns seiner Hoheit und Herrlichkeit gegenüber — egal, was wir betreiben — als Geschäftsmann, vollends als Theologe oder als Reichsgottesarbeiter. Er ist der Heilige, der unendlich Reine und Vollkommene — und wir sind sehr mangelhaft und sehen unsere Begrenztheit. Wir können im Grunde nur so handeln, wie die Propheten, wenn Gott ihnen entgegentrat und er sich ihnen ganz besonders nah offenbarte: Mose zog seinen Mantel über seinen Kopf. Jesaja rief: „Weh mir! Ich vergehe!“ Hesekiel fiel wie ein Toter nieder. Der Seher Johannes fiel auch wie ein Toter nieder. Ebenso verlor Daniel seine Kraft.

Diese göttliche Wirklichkeit des lebendigen Gottes ist etwas unendlich Erhabenes, erschütternd Großes. Und diesen großen Gott kann man nicht im üblichen Sinne zum Objekt von Forschungen machen. Dies wird jeder von uns verstehen; das geht aus der Sache hervor, aus dem Zuordnungsverhältnis als Geschöpf zum Schöpfer.

b) Gott selbst ist *Subjekt. Das* Subjekt. Das Subjekt aller Subjekte. Eine Person, die total veranlaßt. Die Ursache aller Veranlassungen. In der Offenbarung Johannes ist das (4, 5) unter den Blitzen und Donnern geschaut, die vom Throne ausgehen, und unter den sieben Geistern und Fackeln, die sich in alle Lande auswirken, erleuchtend, entzündend und reinigend. Dort ist die wahre Kraftzentrale des Alls, am Thron Gottes. So sind wir immer die Veranlaßten, die von Gott in Gang Gehaltenen, die von ihm total Abhängigen. Wenn er seinen Hauch wegnimmt, sind wir tot. Und solange dieser in uns ist, leben wir. Das ist bei jedem einzelnen Menschen der Fall und bei jedem Geschöpf. Insofern sollten wir gerne Objekte sein und kann Gott nie unser Objekt werden.

c) So fordert uns Gott immer zur *Stellungnahme* heraus, zu einem entsprechenden Verhalten — zur Anbetung oder Verehrung, und auch zum Dienst — damit wir ihm unsere Kräfte schenken, die er uns gegeben hat. Was haben wir, das wir nicht empfangen hätten (1. Kor. 4, 7) und jeden Tag wiederum empfangen würden?!

Ich muß immer neu um diese Dinge mit Gott ringen. Es ist mir bewußt, wie sehr ich mit meiner ganzen Lehrunterweisung abhängig bin von den Zuflüssen seines Heiligen Geistes, daß er mich verwendet in seinem Dienst! Ohne die Wirkungen des Heiligen Geistes kann man „für die Katz" reden und schreiben. Alles wird umsonst sein. In allen Funktionen und Ausübungen ist die Theologie unmittelbar von Gott abhängig, sonst ist sie keine Theologie mehr.

Wenn uns Gott so immer zur Stellungnahme ihm gegenüber herausfordert, ist das den Menschen sehr *unangenehm.* Deshalb nennen sie auch die religiösen Menschen intolerant und fanatisch. Sie möchten ihre Gemütsruhe behalten, bis zum Tode weitervegetieren. Spätestens dann wird die Gemütsruhe ein Ende haben. Sie möchten ungestört sein, und doch sind wir Christen in ihrem eigenen Interesse die großen Störenfriede dieses Todesschlafes. Wir möchten sie aufwecken, denn neutral können auch sie nicht bleiben. Es gehört oft zum schwersten Erlebnis eines Jüngers, daß er selbst im engsten Familienkreise nicht neutral bleiben kann. Auch die Angehörigen können es neben einem Christen nicht bleiben. Irgendwie tritt dadurch Scheidung der Geister auch unter sich liebenden Menschen ein. Unser Herr sagt (Matth. 10, 34): „Ich bin gekommen, die Menschen nicht zusammenzubringen, sondern zu entzweien" — durch diese allerletzte Entscheidung, die in die andere Welt, in die Ewigkeit hinüberreicht. So ist das religiöse Gebiet aus sich selbst, aus der Sache heraus, ein Gebiet der Entscheidung.

d) Folglich gibt es auch für den religiösen Lebensbereich keine Neutralität, kein Unbeteiligtsein, *keine rein sachliche Stellungnahme,* wie sie vielen von der Wissenschaft her vorschwebt. Dort kann man rein sachlich sein, seine Forschungen mit der Zigarette im Mund machen, und wenn sie beendigt sind, kann man nach Hause gehen und die Zeitung lesen. So sachlich kann man Gott gegenüber nicht Stellung nehmen. Wenn man dies doch versucht und so mit Gott umgeht, ist es schon Lästerung. In vielen angeblich sachlichen Stellungnahmen Gott und seiner Offenbarung gegenüber, verbirgt sich eine große Respektlosigkeit. Die Menschen haben keinen Begriff, mit wem sie es zu tun haben, sie sind blind oder anmaßend.

3. Ehrfürchtiges Nahen

Das wirklich Gottgemäße ist demnach nur ein anbetendes Nahen unter der Bedeckung der Versöhnungsgnade, nur ein ehrfürchtiges Reden von göttlichen Dingen. Dies machen uns etwa die Indonesier vor, die hierin noch unverdorben und noch nicht so durch die Anmaßung des europäischen Denkverhaltens gegangen sind, sondern wie die Naturvölker eine ihnen angeborene Ehrfurcht vor allem Göttlichen haben. Das sagen uns die europäischen Mitarbeiter von dort. Und auch wir empfinden dieses andere Verhalten bei den indonesischen Geschwistern als hilfreiches Geschenk. Auch in katholischen Ländern ist eine ganz große Ehrfurcht vor Gott da und kommt selten eine Äußerung so frecher Art vor, wie sie sich auf dem protestantisch-atheistischen Boden inzwischen herausgestellt hat; sie ist ein nachchristliches Phänomen.

4. Schamloses Denken

Ein solches „neutrales“ Umgehen mit Gott ist Sünde. Das sogenannte nur-wissenschaftliche Verhalten auf religiösem Gebiet ist Schuld, weil darin das richtige Verhältnis zwischen Geschöpf und Schöpfer verlassen wird. Der Mensch in seiner Schamlosigkeit in der Beschäftigung mit Gott und göttlichen Dingen ist sich dieser Sünde gar nicht bewußt. Unsere indonesischen Freunde (S. 143 f.) bestätigen meine Vermutung, daß das große Hindernis in Europa diese selbstverständlich geistig-anmaßende Denkweise ist, die sich im Leistungsfimmel und Wissensstolz über Gott und Menschen erhebt, und in der der einzelne Mensch sich selbst zum Ausgangspunkt der Betrachtung macht. So wie *er* denkt, so muß die Wirklichkeit sein. Da bekommt man auch Gott in den Griff. Sogar wir biblisch gläubigen Theologen sind manchmal in der Gefahr, auf diese Weise Gott in den Griff bekommen zu wollen. Vor Gott ist dies ein Ärgernis. Er widersteht dieser Art schamlosen Umgangs mit ihm selbst, zieht sich zurück, und wir haben es dann nur noch mit Begriffen und Formeln zu tun, nicht mehr mit der Wirklichkeit Jesu. Die Gefahr aller Ausbildungsstätten ist die, daß man gedankenlos und achtlos, neutral und scheinbar sachlich mit diesen brennenden Angelegenheiten umgeht. Unter den Schülern gibt es immer wieder neu Entscheidungen und auch Scheidungen. Es geht darum, Gott von Herzen zu lieben, sich ihm zu unterstellen und ihm betend zu dienen. Wir dürfen nicht zu solchen Leuten werden, die manipulieren, die jonglieren und die Gott in Funktionen und Systeme bringen wollen. Was wir in den vergangenen Jahren an erschreckenden Vorgängen in Kirche und Theologie erlebten, ist die ins Absurde gehende Frucht einer noch (S. 78 ff.) zu beschreibenden Gesamteinstellung, die sich nicht leicht fassen läßt, die aber eine schwere, hemmende Wirklichkeit in der ganzen europäischen Christenheit geworden ist. Geistlich gesehen ist auf theologisch-wissenschaftlichem Gebiet oft ein respektloser Umgang mit den heiligen Dingen, mit der göttlichen Offenbarung festzustellen, ein anmaßender Geist, der kein Gefühl dafür hat, wie anmaßend er ist. Dies ist die Autonomie und Selbstverherrlichung in christlichem Gewand. Das ist nicht auf den wahren Gott bezogene, nicht von ihm her geschenkte, nicht durch ihn gewirkte Gotteserkenntnis. Sie ist unser Produkt, unsere geistige Umformung, indem wir aus unbiblischen Gottesvorstellungen heraus unsere eigenen Götter machen. Gott entzieht sich dieser Verfahrensweise. So erwächst dann die unfruchtbare, dämonisierte Theologie. Gott widersteht diesem Hochmut, aber den Demütigen schenkt er seine Gnade (1. Petr. 5, 5).

V. Die positive Gestaltung thelogischer Wissenschaft

Wenn wir uns von einer autonomen, angeblich aus sachlichen Gesetzen lebenden, in Wirklichkeit aber von ihren eigenen Vorentscheidungen ausgehenden Wissenschaft abwandten, müssen wir nun positive, der Bibel gemäße geistige Arbeit betreiben.

1. Lediglich die wissenschaftliche Tätigkeit ohne Bezug auf Gott und Jesus muß verlassen werden und die verkehrte Anwendung der geistigen Kraft wird richtiggestellt. Das bedeutet *nicht*, daß wir die echte *theologische Arbeit verdrängen* oder abschreiben oder vernachlässigen. Es wäre eine falsche Alternative, ein falsches Wählen, wenn man sagen wollte: autonome Wissenschaft oder gar keine Wissenschaft, sondern es heißt: autonome Wissenschaft oder gottbestimmte Wissenschaft, falsche Theologie oder echte Theologie.

2. Man braucht die *theologische Arbeit* als *Funktion der Gemeinde*, als Äußerungsweise und notwendigen Dienst innerhalb anderer Dienste und Gaben ganz dringend. Keine Ausbildungsstätte kann ohne echte theologische Tätigkeit auf die Dauer existieren. Es geht nur darum, wie man wirklich sachentsprechende Theologie betreibt, wie man auf diesem Gebiet richtig lehrt und die geistlichen Linien einhält, die göttlich und biblisch sind und nicht dem Menschengehirn entspringen. Das geschieht dann, wenn

(S. 59 f.) die menschliche Denktätigkeit eingeschaltet wird in das von Gott gesteuerte Handeln. Unser Denken darf sich nicht selbständig machen und ohne oder gegen Gott arbeiten, sondern es muß von Gott her in Dienst genommen werden.

Wenn ich also nachher (S. 78 ff.) etwas gegen den Theologismus sage und ihn richtigstelle, wäre es ein Mißverständnis zu meinen, daß wir damit gegen die Theologie vorgingen. In Deutschland sind Theologie und Theologismus weithin dieselbe Sache geworden. Was heute als Theologie gilt, ist Übertreibung und Vereinseitigung von Theologie. Man kennt beinahe nur noch Theologie in dieser Form. Findet man seinen praktisch-geistlichen Denkansatz von Gott her, so wird das sofort als unwissenschaftlich, als unmögliche Theologie abgetan. Dabei ist dies gerade die richtige Art. Wir ringen sehr um die sachgemäße Gestaltung der theologischen Arbeit, wozu wir auch an unserer Lehrstätte einen Ansatz beitragen wollen. Auch hier muß von einem jeden energische Kopfarbeit geleistet werden, aber immer im Bewußtsein der Gefahren einer theologischen und intellektuellen Ausbildung.

Es ist uns ein notwendiges Bemühen, die theologischen Einzelfächer vom Geiste Gottes her zu durchleuchten und zu behandeln. Es geht um eine *pneumatische Theologie,* eine geistliche und wiedergeborene Arbeit im Denken. Es ist die Gnade und der Reiz jeder geistlichen Ausbildungsstätte, daß die göttliche Schöpferkraft des Denkens richtig angewandt werden kann. Das zeigt sich etwa in der Art, wie *Exegese* (Auslegung) getrieben wird. Sie geschieht vom Glauben an Jesus her in einprägsamer Herausschälung der wesentlichen Wahrheiten des Evangeliums, die vermittelt und dargestellt werden sollen. Hierin war mir mein Lehrer Schlatter ein unerreichtes Vorbild. Wir haben oft den Federhalter weggelegt und sind seinen Ausführungen über Jesus, über irgendein biblisches Kapitel dankbar gefolgt; während gewisse Intellektualisten nachher sagten: „Das ist doch gar keine Wissenschaft, was Schlatter da macht, der hält ja die reinsten Andachten!"

Hieran können wir den Unterschied sehen zwischen dem theologistischen und dem theologischen Denken. Das theologistische

Denken kennt nur noch wissenschaftliche Verarbeitung von Texten und spart deren Frömmigkeitsgehalt mehr oder weniger aus. Welch ein Unsinn! Welch ein Wahnsinn, die Hauptsache an einem Text, die Größe Jesu, seine Herrlichkeit im Einzelgeschehen auszuklammern und als selbstverständlich vorauszusetzen und die Nebensache, den Rahmen, etwa das Zeitgeschichtliche und Literaturkritische, zum Gegenstand der theologischen Arbeit zu machen! Natürlich gehört das auch zur theologischen Aufgabe, aber doch nicht als Schwergewicht! Wie armselig geht ein Theologe aus seinem Studium heraus, wenn er nur diesen Rahmen betrachten lernte und nicht das Bild mit seinem erstaunlichen geistlichen Inhalt! Gerade die Exegese muß ein Kernstück jeder geistlichen Ausbildung sein. Ich wende wirklich ehrliche theologische Arbeit daran, die Auslegung zu bringen, und zwar ausgesprochen „fromm" aus Glauben. Es ist vielen ein Ärgernis, daß man bewußt eine „fromme" Theologie betreibt. Es gibt aber gar keine andere als eine „fromme" Theologie! Alles sonstige ist eine gottlose Theologie — weil man eben Gott nicht als Objekt behandeln kann wie ein Stück Holz, sondern weil er eine Person ist, die man nur anbeten und bekennen und von der man nur Zeugnis geben kann. Ich kann auch hier letztlich immer nur Zeugnis geben von Gott und ihn nicht verarbeiten wie irgendeinen anderen Gegenstand. Das ist der Unterschied zur theologistischen Methode.

Genau das gilt auch von den *anderen Fächern,* etwa von der Kirchengeschichte, bei der wir vor allem die geistlichen Linien herausarbeiten und nicht nur die rein geschichtlichen (natürlich auch diese!). Die Dogmatik, Ethik, Konfessionskunde, die Lehre von Weltanschauungen und Religionen sowie die praktische Ausbildung in Predigt, Zeugnis, Kinder- und Jugendarbeit, die missionarische Anleitung: Alles muß geistlich, seelsorgerlich und praktisch betrieben werden, vom Glaubenszentrum her, vom Geiste Gottes her; dann haben wir echte theologische Ausbildung. (In meinem noch unveröffentlichten Werk „Die innere Geschichte der Kirche — Rückgänge und Einseitigkeiten, Anliegen und Erneuerungsfaktoren der Kirchengeschichte" versuche ich nach diesen Grundsätzen zu arbeiten.)

3. Die geistlich ausgerichtete theologische Arbeit hat innerhalb

der Gemeinde sogar eine *führende Aufgabe.* Die großen Theologen der Kirchengeschichte steuerten den ganzen Gang der Dinge. Ich denke etwa an *Athanasius* mit seinem theologischen Scharfblick im Streit mit der arianischen Herabminderung der Sohnschaft Jesu. Oder ich denke an *Augustinus,* der wieder zur Gnade zurückkehrte. Oder ich denke an *Luther,* der eben auch ein Theologe und kein Laie war, und der mit einem Scharfblick durch die Gnade Gottes das Steuer in der Gemeinde Gottes wirklich herumwerfen konnte. Oder andere Große im Reich Gottes: *Spener,* der Vater des Pietismus, *Wesley,* der Logiker und Evangelist. Das waren Theologen und Bahnbrecher ersten Grades. Theologisch fähige und gottbeauftragte Männer waren und sind bis heute geistig und geistlich mitverantwortlich für das Ganze der Kirche. Gerade in Sturmzeiten, in den Tagen der Verwirrung braucht man Theologen, die die geistliche Lage der Gemeinde durchschauen, die hierin Fachleute Gottes sind. Gottes Geist gibt ihnen Klarheit und führt sie, daß sie unter Gebet ihre Aufgaben erfüllen können.

4. Ähnliche geistliche Arbeit geschieht auf anderem Gebiet durch *Künstler und Wissenschaftler.*

Auch hier ist die Tätigkeit gottbestimmt und gottgesteuert. Wir sprachen schon (S. 59 f.) von Künstlern, die ihre Fähigkeiten Gott unterstellten. Welche hervorragenden Ergebnisse hatten ihre Arbeiten! Wie notwendig haben wir gute und christliche Dichter, die ihre große Sprachbegabung Gott zur Verfügung stellen. Nennen wir Jochen Klepper. Sein wunderbares Lied: „Er weckt mich alle Morgen“ ist Inbegriff der Vereinigung von Kunst und Glaube in einer klassischen Einprägsamkeit und mit großem Können. Ich freue mich immer an solchen kompletten, vollendeten Dichtungen, die ganz aus dem Geist Gottes geboren sind. Das ist Vollkommenheit, wie sie in der Ewigkeit an den Kunstwerken des Himmels zu sehen sein wird. Wir haben sie so in gewissem Sinne auch schon auf der Erde. Es bedeutet eine große Gabe an die Gemeinde, wenn solche hervorragenden Geister im Dienste des Glaubens sie befruchten. Welch tiefgründige Dichtungen sind: „O du Lamm Gottes“ von Dora Rappard und „Nun gehören unsere Herzen“ von Fr. v. Bodelschwingh. Wirkliche Dichter und Schreiber haben in der Gemeinde eine ähnlich wichtige Funktion wie Pfarrer, Prediger und theologische Lehrer. Sie zeigen, daß etwas Produktives zustande kommt, wenn man seine Gaben Gott unterstellt.

5. Die *Ergebnisse* dieser Art geistlicher Tätigkeit sind *besser* als die der autonomen, immanenten (S. 23). Letztere ist ja auf sich beschränkt, sie bewegt sich nur innerhalb der menschlichen Fähigkeiten, ohne Gottes mächtige Einwirkung.

a) Die Auswirkungen sind *schöpferisch-aufbauend* (S. 57 f.), weil Gottes Geist schöpferisch-aufbauend ist. Zu den wichtigsten Erfahrungen in der Nachfolge Jesu gehört, daß man in der geistlichen Arbeit nicht ärmer, sondern reicher wird, daß sich die Fähigkeiten erweitern und Gott das Pfund vermehrt, das man von ihm bekommen hat. Dies wird auch allen so geschehen, die sich wirklich demütig dem Herrn unterstellen und aus ihm heraus in seinem Werke dienen. Da bekommt man Einfälle noch und noch, z. B. in der Predigt kommen einem die wunderbarsten Einfügungen. Oder wenn ich hier lehre, ist für mich die Gnade der schöpferischen Leistung damit verbunden. Aber Voraussetzung ist, daß Gottes Geschenk in diesem Kanal wirklich durchfließen kann — um in einem Bilde zu sprechen —, daß wir nicht durch eigenwillige, bockige, geistige Autonomie ihm im Wege stehen. Die Folge wäre dann, daß er uns überhaupt nicht benutzt, uns links liegen läßt, wie er das bei vielen nach außen hin produktiv scheinenden Geistern macht. Es könnte eine ganz neue Blüte der Theologie kommen, wenn mehr Frömmigkeit, mehr wirklicher Glaube an Jesus und nicht soviel Spekulation und Kritik, so viel Besserwisserei herrschen würde. Unser autonomes Denken zerstört das Angestrebte und ist nicht produktiv, sondern destruktiv.

b) Gottbestimmte geistig-geistliche Arbeit ist aber nicht nur allgemein produktiv, sondern *heilbringend*. Gottes Geist wirkt durch sie, und Gott ist ein rettender Gott und nicht der Gott der Philosophen. Gott hat nicht so viel Interesse an menschlicher Weisheit als Selbstwert. Gott hat aber großes Interesse an der Rettung der armen, im Sumpf untergehenden Menschen. Dafür sind uns unsere geistigen Fähigkeiten gegeben, daß wir sie einsetzen, um der Menschheit Gottes Heil zu bringen. Heil zu bringen, ist mehr als Wissen und menschliche Kultur zu bringen. Heil rettet den Menschen wirklich auch heute noch. — Die Rauschgiftsüchtigen können kaum mehr auf andere Weise, auch durch keine Psychologie und durch keine anderen Mittel von ihrer Bindung bekehrt und gerettet werden als eben durch die Gnade Jesu, die am Kreuze als rettende Kraft sich offenbart und die wir ihnen zu bringen haben. Dämonisierte Menschen sind durch keine Wissenschaft zu heilen, da streichen auch Psychiater ihre Flagge und stecken ihre Pillen ein. Aber eine Loslösung in Jesu Namen, nach einer Beichte, kann sie frei machen.

So sind hier wirklich kulturerhaltende und staatserhaltende Kräfte am Werk. Es ist eine große Torheit, diese geistliche Dimension ausschalten zu wollen und den Menschen rein auf sich zu beschränken. Als Beispiel möchte ich Freud anführen. Er hat m. W., nachdem er lange Zeit seine Analyse gelehrt hatte, zum Schluß eingesehen, daß die Synthese kommen muß. Das bedeutet — nach Freud — daß der Mensch nicht nur auf seine Sexualität hin analysiert werden muß, sondern daß auch noch ethische Werte dazukommen müssen. Er nennt das „metaphysische Werte", solche, die jenseits der Vernunftswelt liegen, etwa sittliche Werte, um dem Menschen überhaupt einen Halt zu geben. Er hat wohl selbst erfahren, daß mit dem Ausleben der Triebe den Menschen auch ärztlich nicht geholfen ist. Viele Psychotherapeuten müssen heute feststellen, daß sie nach oft jahrelanger Behandlung den Leuten wohl ihre Krankheit klargemacht haben, auch die Ursache, aber ihnen nicht wirklich zu helfen vermochten. Was für eine Wohltat ist dann einem solchen seelisch kranken Menschen erwiesen, wenn er vom Evangelium her wirklich eine Lösung erfährt und sein Leben sich verändert. — Häufig müssen auch Arzt und Seelsorger eng zusammenarbeiten.

c) Diese Art geistige Arbeit ist viel *sachgemäßer*, besonders als Theologie. Sie entspricht viel mehr einer richtigen theologischen Wissenschaft. Es ist sachlicher, wenn man geistlich, erwecklich, seelsorgerlich Theologie betreibt, denn wir sind als Christen und Jünger eben geistliche, seelsorgerliche, erweckliche Leute und nicht in erster Linie Denker und Kulturschaffer und ähnliches. Es ist genau besehen ein großer Unsinn, wenn man Theologie unter dem Schein reiner Sachlichkeit und Wissenschaftlichkeit

(S. 70 f.; 135 f.) unfromm betreiben will (S. 71; 133 f.). Dies entspricht nicht ihrer eigentlichen Aufgabe. Das wäre gerade, als wenn man Ästhetik, die Lehre vom Kunstschaffen, nur daraufhin betreiben wollte, wie die Bilder entstanden sind, in welcher Lebenslage damals die Maler waren, mit welchen Farben sie gemalt haben — vielleicht auch, welche Farbeffekte sie erzielten, aber nicht etwa dies Geheimnis eines Rembrandtschen Bildes in seiner ergreifenden, wunderbaren Tiefe den Menschen nahebrächte, die eigentliche Sache, um die es in der Kunst geht. Eine Nebensache wird da zur Hauptsache gemacht und die Hauptsache zur Nebensache. Und ich bleibe dabei, daß Theologie primär Frömmigkeitsfunktion ist und nicht Denkfunktion. Das unterscheidet sie grundlegend von der meist üblichen Art theologischer Arbeit.

H. Der Theologismus

Ich muß gestehen, daß der „Theologismus" ein Lieblingsthema von mir ist, mit dem ich viel umgehe. Ich sehe, daß hier eine ganz besondere Not, eine weithin unbekannte Not der europäischen, abendländischen Frömmigkeit und der ganzen europäischen Kirche vorliegt. Wir sind vom Theologismus überfremdet.

I. Die Forderung nach einer neuen Theologie

Die heutige theologische Misere, dieser elende, unglückliche, unbefriedigende Zustand zeigt, daß irgend etwas falsch sein muß — im Ansatz, in der Art, wie in Europa Theologie getrieben wird. Es ist sehr schwer, den wahren Grund hierfür zu finden. Ich komme noch (S. 135) darauf, daß dieser elende Zustand die letzte Konsequenz unserer europäischen Weise ist, Theologie zu treiben — so wie sie meist gehandhabt wird. In ihrer Krise führt Gott diese Art, sich mit ihm zu beschäftigen, ad absurdum, d. h. er macht sie letztlich unwahrscheinlich, unglaubwürdig und lächerlich. Er zeigt an den Auswirkungen: So geht es nicht! Es ist gut, wenn man das einmal zugibt, anstatt die Augen hiervor zu verschließen und in dieser Art des Denkens immer weiter fortzufahren. Durch ganz schlechte Erfahrungen zwingt Gott uns hier, nach dem Grund des Übels zu suchen. Und dieser scheint mir eben in dem zu liegen, was ich Theologismus nenne.

Im Gegensatz dazu müssen wir mit einem *neuen Ansatz Theologie* treiben (S. 53 ff; 66 ff.). Es ist anscheinend eine unangemessene Behauptung, dies fordern zu müssen, weil seit Jahrhunderten Theologie getrieben wird. Wie sollte nun die Feststellung richtig sein können, daß man in Europa grundsätzlich und ansatzmäßig eigentlich noch selten wirklich bibelgemäß und dem Heiligen Geist gemäß theologisch gearbeitet hat? Aber das ist wirklich so, und zwar deshalb, weil uns der griechische Geist seit dem Beginn theologischen Arbeitens, seit den Apologeten immer wieder neu auf die falsche Linie geführt hat. Das geht durch die ganze Kirchengeschichte bis heute hindurch (S. 94 ff.). Vielleicht ist der furchtbare Zusammenprall zwischen einem kompletten Atheismus und einer radikalen Nachfolge Jesu notwendig, um überhaupt einmal aus diesem Joch griechischen Denkens herauszukommen und sachgemäße Theologie betreiben zu können. Ein solcher Ansatz muß wohl an einer Bibelschule durchgeführt werden, weil hier die einfachere, Gott nähere Denkweise noch eher zugänglich ist, als bei dem hochgezüchteten geistigen Horizont an den Universitäten. Eine solche theologische Arbeit kann jedoch auch an Fakultäten erfolgen. Im voraus zusammenfassend sei von dieser neuen theologischen Arbeit gesagt:

1. *Sie muß von wiedergeborenen Menschen betrieben werden, die sich vom Heiligen Geist leiten und korrigieren lassen. Die ungeschmälerte Offenbarung Gottes in der Bibel muß ihr Denken und Handeln bestimmen. Ihre Lehrtätigkeit muß aus dem persönlichen und gemeindlichen Frömmigkeitsleben und aus der radikalen Nachfolge Jesu heraus geschehen.*

2. *Dies ist gleichbedeutend mit der Abkehr von dem wissenschaftlich-theologischen Betrieb üblicher Art und einer Neuformung in Idee und Praxis.*

Alle diese Dinge konnte ich persönlich auf Grund der Erfahrungen der hiesigen Vorgänge erarbeiten, indem mir Gott durch das, was in der Erweckung geschah, eine Sicht gab für das, was theologisch richtig und falsch ist. (Vgl. Literaturverzeichnis „Erweckung heute und ihre Botschaft an uns“, 1958, und „Herausforderung an die Gemeinde“, 1972). Ich habe damals wie auch seither wirklich meine Augen und Ohren aufgemacht. Ich fühle mich als Theologe verantwortlich, all meine Erkenntnisse zur Nutzanwendung zu bringen und mich zu fragen: Was ist daraus zu lernen für das ganze kirchliche Leben — auch und gerade für die Theologie? Man benötigt Vorgänge, die Gott schenkt, also eine echte Zeitgeschichte, um daraus wieder auf die Dauer etwas zu lernen. Darum rede ich auch so oft von Erwecklichkeit und erwecklichem Leben. Manche betrachten das als eine Art spezielle Liebhaberei. Das ist es aber keineswegs, sondern das kommt aus der Tiefeneinsicht in das, was richtig und falsch und in das, was heute notwendig ist, notwendiger als alles andere, auch für die Art, wie man Theologie treibt. Alles das erwächst aus Erfahrung und theologischer Arbeit, nicht aus Voreingenommenheit oder Sturheit. In dieser Hinsicht komme ich vom streng Wissenschaftlichen, vom Experiment her, von der Beobachtung am Objekt und von den Schlußfolgerungen her, die aus diesen Beobachtungen gezogen werden (S. 91). So zu verfahren, ist nach meiner Meinung echte, theologische, dienende Wissenschaft, — diese habe ich wahrlich bis zur Stunde zu betätigen.

II. Der Begriff des Theologismus

Mit der Endsilbe „... ismus" wird meist eine Übertreibung, eine Vereinseitigung einer Sache in einer bestimmten Richtung bezeichnet. Etwa mit „Psychologismus" eine Überspannung der Psychologie, wenn alles psychologisch betrachtet wird. Oder mit „Pansexualismus" bei Freud, wenn alles auf die Formel Sexualität gebracht wurde. Es ist „Liturgismus", wenn man von der Liturgie das Heil erwartet und sie ein Allheilmittel werden soll. Oder „Institutionalismus", wenn der Gedanke einer Institution vorherrscht und eine Kirche, etwa die katholische, ihre kirchliche Struktur, ihren Kirchenaufbau zum alleinigen Prinzip erhebt. Dann bringt die Institution das Heil und nicht der Glaube und der Herr. — Es werden auf diese Weise an sich richtige Dinge zu den beherrschenden Gesichtspunkten und Erscheinungen gemacht, obwohl sie nur Teilerscheinungen und Teilaspekte sind. Wenn in dieser Hinsicht die Theologie — eine richtige und wichtige Arbeit — so getrieben wird, daß sie allein beherrschend wird, dann haben wir den Theologismus, wie ich ihn benenne.

III. Die Erscheinung des Theologismus

1. Der Theologismus als Gesamtprägung

Das ist also Theologismus, wenn der theologische Blickwinkel der Hauptgesichtspunkt wird — sowohl für den Pfarrer als auch für die ganze Kirche und ihr Leben, — wenn alles gewissermaßen durch diese eine theologische *Düse* gehen muß. Ich habe dafür schon oft ein Bild gebraucht: Wenn ein Konditor mit einer Spritzflasche die Schlagsahne auf eine Torte bringt — „OMA zum 60. Geburtstag“ —, muß die ganze Sahne durch diese enge Öffnung. So muß auch oft im kirchlichen Leben alles durch diese enge Düse theologischer Kategorien und Betrachtungen. Das ist vor allem bei uns Pfarrern so, weil wir von der Universität her dazu erzogen sind, alle Erscheinungen wissenschaftlich-theologisch zu verarbeiten. Das ergibt die Einseitigkeit des Verhaltens. Und zwar ist dies keineswegs nur der oft angeprangerte Intellektualismus oder Rationalismus (S. 84 ff.), so daß nur der Verstand einseitig benutzt würde, sondern der ganze Mensch handelt so und ist eben ein Theologist, ein Theologe ganz einseitiger Prägung. Das haben wir in Deutschland viel ausdrücklicher als in den anderen Ländern, weil bei uns die Überschätzung der geistigen Werte viel größer ist als dort.

Ein mir befreundeter und glaubensmäßig nahestehender katholischer Nervenarzt sagte einmal zu mir: „Ihr evangelischen Pfarrer seid immer am Lehren. Wenn bei uns ein Kaplan kommt, setzt er sich mitten in seine Klasse und ist wie ein Vater unter seinen Kindern.“ Das ist in meinen Augen typisch: „Er ist wie ein Vater unter seinen Kindern“ — hier besteht also eine charismatische Qualität. Er hat das Vertrauen, spricht mit ihnen, sie sprechen mit ihm. Eine ganz andere Art, als wenn vorne ein Dozent steht und lehrt. Der Pfarrer ist bei uns genau das: Er ist ein Dozent, ein Lehrer, und ahmt den Universitätsprofessor nach. Das bedeutet aber eine absurde Veränderung des Hirtenamtes. Es gibt ein Lehramt, aber das Lehramt ist biblisch nicht so dominierend, daß alle anderen Beauftragungen davon mitgestaltet werden.

Es geht also um eine Gesamthaltung, um die Art, wie wir auf die ganze kirchliche und allgemeine Umwelt reagieren, um eine *Mentalität.* Eine Mentalität ist die Gesamtdenkweise, wie man im Leben empfindet und reagiert und handelt, etwa auch im Leben der Kirchengemeinde. Diese Denkweise ist bei uns in Deutschland in der theologischen Arbeit ausgesprochen theologistisch. Dies gilt für die Jugend- und für die Gemeindearbeit, für die Art, wie wir auf Seelsorgefälle reagieren, wie wir Erweckte weiterführen. Nur zu gerne halten wir uns bei Lehrfragen auf und suchen alles in Lehrsätze zu fassen. Die Predigten sind größtenteils Lehrvorträge gedanklicher Leistung und Darlegung. Auch die Stellung zur Bibel ist in Deutschland von daher sehr einseitig eine wissenschaftliche geworden. Ich bin froh, daß ich Fundamentalist wurde, weil ich damit zur Liebe gegenüber der Bibel zurückkehren konnte, also zu einem charismatischen Verhalten zur Bibel, und gerade nicht zu dieser verhängnisvollen wissenschaftlichen Haltung. Sie wird wirklich zum Verhängnis, wenn sie der Bibel, dem Wort Gottes gegenüber die einzige, hauptsächliche Funktion ist. Da verdammt sie den Menschen zur Unfruchtbarkeit und wird auch von Gott verdammt. Gerade durch die Zersetzung der Bibel hat sich auch diese Art Theologismus ad absurdum geführt (S. 135).

2. Die Problematik

Die theologische Praxis — auch in der Gemeinde — ist weithin die der Belehrung und des Aufzeigens von Problemen und nicht die des Zeugnisses. Gerne werden bei uns Lehrfragen zum Ausgangspunkt genommen. In allen Diskussionen in Deutschland — auch bei Evangelisationen — kommen mit Vorliebe Gläubige und Außenseiter auf Lehrfragen: Kinder- oder Erwachsenentaufe, Geistesgaben, Entrückung, Wehrdienstverweigerung. Unlösbare Probleme werden mit Vorliebe aufgetischt. Es wird also die Problematik um ihrer selbst willen geliebt und eine Art Sport mit geistigen Fragen getrieben. Es heißt nicht: „Mach aus allem ein Gebet!“, sondern: „Mach aus allem ein Problem!“ Die weitverbreitete Diskussionswut ist eine ganz einseitige und unsachgemäße, philosophische Betätigung, die dem Leben nicht gerecht wird. Man geht an den Sünden, an den Gebundenheiten glatt vorbei — mit lauter Problemen, und kommt nicht auf den Hauptpunkt der Not zu sprechen, an dem das Übel sitzt und wo auch wirklich geholfen werden kann. Man beschäftigt sich — verglichen mit der Notlage — lieber mit lauter Nebenfragen, weil diese geistig mehr darstellen, statt daß man Buße tut und zum Glauben kommt und den Herrn preist. Das ist in den Augen vieler Leute viel zu einfach. Ausländer sagen: Bei den Deutschen ist das so: Wenn sie vor zwei Türen mit der Überschrift „Reich Gottes“ und „Vortrag über das Reich Gottes“ stehen, gehen sie durch die zweite Tür. Es ist eine richtige und erschreckende Beobachtung zugleich, daß uns der Vortrag über das Reich Gottes wichtiger, interessanter und wesentlicher ist als das Reich Gottes selbst. Diese Einseitigkeit der philosophischen Denkweise, die gerade bei uns Deutschen da ist, habe ich an der Schule und vor Gläubigen schon oft angegangen, weil sie ein Haupthindernis in der praktischen Rettungsarbeit ist und weil diese Neigung so tief sitzt. Es ist nötig, daß wir darüber Buße tun und es als Sünde im Werke Gottes betrachten, wenn wir die geistigen Interessen und Werte so vornean setzen. Da handeln wir total verkehrt. Dann erinnert uns der Herr wieder: „Du hast es den Klugen und Weisen verborgen und den Unmündigen geoffenbart.“

Von dieser Liebe zum Gedanklichen rührt es her, daß bei uns die Predigten (S. 81 f.) größtenteils die Aufsatz- und nicht die Rede- und Anspracheform haben. Sie sind irgendeine Darlegung von Gedankengängen. Dahinter steht eine Erscheinung, für die ich (S. 83 f.; 130 ff.) den Ausdruck „ideologischer Wahn“ gebrauche.

3. Der Hang zur Gedanklichkeit

Der ideologische Gehalt — also der Gedankengehalt — ist so ein erster Wert. Er gilt oft schon als Vollzug und als der eigentliche Arbeitsakt. Und was nicht auf eine gedankliche Wahrheit gebracht werden kann, wiegt nichts, taugt nichts in den Augen von uns Deutschen. Wir sind ideologiesüchtig, ideensüchtig ähnlich wie die Inder und die alten Griechen. Das ist unsere Gabe, aber auch unsere Grenze. Wir sind darum das Volk der Philosophen, aber auch der Atheisten und der politischen Phantasten von Otto III bis Hitler. In Deutschland sind nicht nur Reformation und Pietismus und damit die neuen Erweckungsbewegungen geboren worden, sondern auch der militante Materialismus, ebenso die liberale Theologie bis heute. Das Ausland erwartet von Deutschland immer wieder neue theologische Impulse — und wir haben wahrhaftig nicht nur die Reformation exportiert.

Ein Engländer sagte: „Bitte, Bultmann, made in Germany!" Wir müssen uns darunter beugen, wie sehr wir diese großartige geistige Ausrüstung mißbraucht und zum Unglück anderer Völker verwendet haben. Das kommt von dieser einseitigen Gesamtveranlagung, die dauernd eine Korrektur vom Heiligen Geist, vom Charismatischen und Praktischen her braucht, um richtig verwendet zu werden.

4. Theologismus ist nicht gleich Rationalismus

Ich habe mich bemüht, hier einige Klarheit zu bekommen, vereinfachende Formeln genügen nicht. Herkömmlich versteht man eine starke gedankenmäßige Schlagseite in der Theologie als Rationalismus oder Intellektualismus. Rationalismus heißt: einseitige Vernunftsicht, und Intellektualismus bedeutet: einseitige Verstandestätigkeit. Die Epoche des geschichtlichen Rationalismus war in der Tat ein vernunftgläubiges, vernunftanbetendes und optimistisches, ein vernunftoptimistisches Zeitalter. Wenn ich nun über den Theologismus nachdenke, wäre er zu leicht zu erledigen, wenn er nur Rationalismus wäre. Die heutigen Rationalisten sehen teilweise schon selbst ein, daß ein reiner Rationalismus auf dem Gebiet des Glaubens einseitig und nicht sachgemäß ist. Der Theologismus ist (S. 80 ff.) eine Gesamtprägung der Persönlichkeit, die den Rationalismus mit einer natürlichen Frömmigkeit, mit der Glaubensweise des unwiedergeborenen Menschen verbindet. Das Ganze macht dann einen kirchlichen und legitimen Eindruck, indem eine gewisse nachdenkliche und auch gottergebene Haltung theologisch wirksam wird. Ja, ich möchte sagen: Bis in die gläubigen Kreise hinein sind wir Pfarrer theologistisch überfremdet. Ich komme noch (S. 139 f.) darauf, wie schwer selbst wiedergeborene Theologen erweckte Kreise führen können. Und es gab und gibt auch orthodoxe Theologisten (S. 107 ff.).

Das rührt von nichts anderem als von dieser theologistischen Prägung her, die sie alle auf den Universitäten und durch die Gesamtkirche bekamen und noch bekommen. Die vielen gedruckten Zusendungen, die wir Pfarrer von den leitenden kirchlichen und allen möglichen halb offiziellen Stellen und Gruppen erhalten, sind weithin theologistisch-einseitig und nicht glaubensmäßig-christlich. Ich sage das einmal etwas zugespitzt. Sie sind intellektuell, problematisch, dünn-geistig, irgendwie substanzfern und sind nicht charismatisch tatkräftig, substanzbestimmt, jesusbezogen. Die Kirchenblätter bewegen sich meist auf dieser Ebene, ebenso die sich wandelnden theologischen Richtungen. Man kann ja die theologistische Haltung nicht nur mit Frömmigkeit, sondern auch mit Ästhetik oder Mitmenschlichkeit oder mit sozialem Verhalten verbinden. Das wertet sie etwas auf; denn einen dürren Rationalismus wollen die Menschen nicht.

Die heutige Jugend sucht nun wirklich mehr als Theologismus. Sie ist realistisch. Typenmäßig entspricht ihr mehr das Zeugnis als der Gedanke. Ihre herbe Kritik an der unlebendigen, farblosen und innerlich oft so unüberzeugenden Art kirchlicher Äußerung und an den Gottesdiensten richtet sich großenteils gegen diese theologistische Schau, in der wir weithin stecken, gerade sie hat zur Folge, daß wir so wenig ansprechen, so wenig die Menschen erreichen, so wenig ihnen wirklich dienen, so wenig Vollmacht in der Zwiesprache, in der Vergewisserung der Retterliebe Gottes haben. Das alles geht eben über irgendeine Wahrheitsdüse, also durch eine theologische Düse und wird dadurch in seiner Unmittelbarkeit gehemmt und geschwächt.

Die Welt des Theologismus und die Welt der Gnade und des Lebens habe ich in der Erweckung hier unterscheiden lernen. Sie liegen vielfach ineinander und sind doch zwei Welten und Verhaltensweisen. Ich mußte in vielem umdenken. Ähnlich wie Volkhard Scheunemann zu mir sagte: „Ich habe in der indonesischen Erweckung theologisch umdenken lernen und vieles preisgeben müssen, was ich vorher für unbedingt gefestigt hielt." Da lehrt uns der Herr selber, der Lehrmeister, der Heilige Geist.

IV. Griechischer und christlicher Geist

1. Abstufungen des Theologismus

a) Es handelt sich beim Theologismus um eine *abendländische Erscheinung*, um eine in einer langen Geschichte erfolgte Prägung des religiösen, denkenden Verhaltens. Sie ist dadurch, daß sie Tradition wurde, nahezu allmächtig und sehr schwer zu durchbrechen. Wir haben aber auf den Missionsgebieten in anderen Erdteilen wenigstens ansatzmäßig hiervon verschiedene Formen christlicher Theologie und erkennen daraus, daß es sich hier um eine abendländische und sehr begrenzte und einseitige Erscheinung handelt. Man könnte sagen, daß die Geschichte des Theologismus (S. 94 f.) weithin die Geschichte der abendländischen Theologie ist.

b) Innerhalb des abendländischen Bereiches zeigen sich verschiedene, geschichtlich gewordene *Abstufungen des Theologismus.* Im lutherischen, lehrmäßiger bestimmten Raum tritt er stärker auf als in den reformierten und besonders in den calvinistischen, mehr zur Tat hin drängenden Gebieten. Und wiederum ist das Lehrinteresse bei den kontinentalen deutschsprachigen Evangelischen größer als bei den einfacheren, eher energischen Tatmenschen angelsächsischer Herkunft in den englisch sprechenden Heimat- und Siedlungsgebieten. Auch die U.S.A. sind „abendländisch — europäisch", besitzen aber von ihrer religiös bedingten Entstehungsgeschichte her ein ausgeprägtes Frömmigkeitsleben und damit ein starkes Gegengewicht gegen die einseitige geistige Linie.

c) Die abendländische Theologiegeschichte ist eine Geschichte der Begegnung und Auseinandersetzung des *christlichen mit dem griechischen Geist.* Hier treffen sich für unsere Darstellung noch einmal beide Denkauffassungen und Gesamtrichtungen des Lebens, die geistliche und geistige, in entscheidender Weise, nämlich in der Geschichte des Reiches Gottes. Beiderseits handelt es sich um einen „Geist", um die Gesamtausprägung in der Tiefe und in den Äußerlichkeiten, nicht nur um Einzelsymptome, die beliebig vermischt werden können: eben um den Geist von der Erlösung her und um den Geist vom Heidentum her. Wenn wir im Folgenden eine Übersicht über die Wesensart des christlichen und griechischen Geistes in der Form einer Tabelle (und deren nähere Erläuterung) geben, so werden sich in einzelnen Zügen Ähnlichkeiten mit den früheren Tafeln des geistlichen und geistigen Lebens (S. 27 f.) und des Gebrauchs der geistlichen und geistigen Fähigkeiten (S. 56) ergeben. Dies kommt von daher, daß das allgemeinmenschliche Verhalten des Unwiedergeborenen, die Fleischlichkeit seines Denkens und Handelns für alle Völker gilt, auch für das griechische wie für das deutsche Volk. Es ist ungeistlich und ohne Erlösung. Man kann hier weithin „griechisch", „deutsch" und „menschlich" mit gleicher Bedeutung verwenden. Wir gebrauchen in dieser Arbeit „griechisch" häufig in diesem allgemeinen Sinn von „geistig-menschlich-unwiedergeboren". Andererseits ist der „griechische Geist" geschichtlich ein besonderer, wissenschaftlich und geistig spezifisch entwickelter Menschengeist und als solcher in vielem ein dem christlichen, dem Heiligen Geist konträrer, entgegengesetzter Gesamtgeist. Diese besondere Lagerung ist der speziell deutschen verwandt, nicht so sehr etwa der angelsächsischen (S. 86). Findet diese Art Denk- und Anschauungsweise in die Theologie Einlaß und Übernahme, so ist das von höchster Bedeutung für deren ganze Gestaltung, und zwar von Grund auf.

Wir versuchen die letzten und geistigen Bestimmtheiten, die Wurzelzellen des beiderseitigen theologischen Verhaltens kurz zusammenzustellen und dann zu erläutern.

2. Gegenüberstellung von christlichem und griechischem Geist

Tafel

Christlicher Geist	*Griechischer Geist*
a) Dienend, zur Rettung tätig	Forschen aus Erkenntnistrieb
b) Demütig, Gott untertan, ihn ehrend	Autonom, oft herrschend und anmaßend
c) Gottes Wort ist das Maß, seine Offenbarung, sein Wille	Der Mensch ist das Maß, seine Meinung und sein Wille
d) Dem Geist Gottes gehorchend	Oft heidnisch-okkult, dämonisiert
e) Praktisch, unsystematisch, helfend, pragmatisch	Systemwütig, ideologisch ausgerichtet
f) Tatsachen respektierend, realistisch	Ideologische Bewältigung bis zu Verzerrung und Vergewaltigung der Tatsachenwelt

g) Liebend	Philosophisch
h) Einer den anderen höher achtend	Gerne eitel, aufgeblasen
i) Geistige Arbeit eingebettet in Frömmigkeitsleben und Gemeinde. Dienst, Mission.	Geistige Arbeit isoliert, privat, um ihrer selbst willen.

3. Die Unterschiedlichkeit der beiden Verhaltensweisen im einzelnen:

a) Als göttlich geleitete Theologen *dienen* wir den Menschen und haben ihre Rettung, ihre Weiterführung im Reich Gottes im Auge, während der griechisch denkende Theologe in erster Linie dem geistigen Interesse unterliegt, forscht und die Wahrheit herausbringen will. Zwei sehr verschiedene Absichten theologischer Arbeit!

b) Ein christlicher Theologe ist *demütig* — nach dem Worte des Herrn (Matth. 11, 29): „Lernt von mir. Ich, als euer Meister, bin sanftmütig und von Herzen demütig." Wir ehren Gott gerade mit unserer theologischen Arbeit, während der griechisch ausgerichtete Forscher (S. 64 ff.) autonom ist, nur sich selbst verantwortlich. Er versucht geistig zu herrschen bis zur Anmaßung hin, und ist bestrebt, seinen Geist alle Dinge bewältigen zu lassen. Das ist eine völlig andere Geisteshaltung. — Wer betet über seiner theologischen Arbeit? Daran zeigt sich Demut und Autonomie.

c) Bei uns christlichen Theologen ist das Maß, nach dem wir unsere Arbeit ausrichten, ein göttliches, ein inspiriertes, ein ewig gültiges. Es ist das der *Bibel*, der Offenbarung des Willens Gottes in der Bibel und heute. Deshalb können wir eine ewigkeitliche, sachlich dem Glauben entsprechende Arbeit tun. Demgegenüber hat die griechische Denkweise den Menschen als Maß, seine Meinungen, sein Gutbefinden. Darunter wird dann auch die Bibel betrachtet und zurechtgeschnitten, indem eben der Mensch bestimmt, was göttlich richtig ist und was nicht. Das ist die griechische Ausgangsstellung im Gesamtverhalten. Ich ziele hier weniger auf die Inhalte als auf das Verhalten.

d) Der Christ steht in seiner theologischen Arbeit unter der Leitung des *Geistes Gottes.* Diese stimmt praktisch mit der Bibel überein. Es besteht eine erstaunliche Entsprechung zwischen der Offenbarung der Bibel und der Mitteilung des Geistes heute. Der Geist Gottes übersetzt uns etwa ein Wort in Jesu Meinung und Auffassung in die heutige geistige Situation oder in das jetzt zu geschehende praktische Handeln hinein. Mag dies auch manchmal in der Erkenntnis getrübt und in der Ausführung mangelhaft geschehen, so ist doch die Ausrichtung eindeutig. Christlich heißt christusbestimmt.

Dem gegenüber war die alte griechisch-heidnische Denkweise oft schon an der Quelle dämonisch durchdrungen. Sie erscheint zwar durch ihren natürlichen, schöpfungsmäßigen Scharfblick vielleicht sogar gottgegeben oder doch wenigstens religiös. Aber die ganze Lebenswelt der Griechen war im Opfer- und Mysterienwesen okkult eingebettet. Paulus sagt (1. Kor. 10, 20): „Was die Heiden opfern, das opfern sie den Dämonen." Opfer wurden auch Athene, der Göttin der Vernunft, dargebracht. Die von Gott losgelöste, ihn nicht kennende Intellektualität kann in ihrem Stolz und ihrer Eigenmächtigkeit leicht von unten inspiriert und besetzt werden. Der dämonisierte Intellekt wird zunehmend die Erfahrung des Abendlandes. Ein im okkulten Bereich unterrichteter Seelsorger mit großem Überblick sprach von *„Mächten"*, die eine ganze Epoche oder Kontinente in einer feinen und dünnen, aber bindenden Weise überlagern können. Diese „Mächte" (exousiai, Kol. 2, 15; Eph. 1, 21; 1. Kor. 15, 24; S. 37) hat zwar Christus am Kreuze und durch seine Auferstehung besiegt und „einen Triumph aus ihnen gemacht." Wer sie aber nicht kennt, ihnen unterliegt und gehorcht, wird auch in seiner geistigen Haltung und Arbeit mit von ihnen bestimmt. Dies zeigt sich dann in der Hartnäckigkeit und Unbelehrbarkeit einer säkular-autonomen Theologie und deren seelenzerstörenden Folgen. Die Überlagerung des Abendlandes mit theologistischem Geist stellt ein Monopol dar, das nur schwer zu durchbrechen ist. Aber Jesus ist Sieger. Er kann neue Ansätze und Möglichkeiten geben.

e) Unser christliches Denken ist ansatzmäßig *unsystematisch.* Die Bibel ist ein unsystematisches Buch, was nicht bedeutet, daß sie keine Ordnung der Gedanken kennt. In ihr kommt eine geistlich-realistische Tatsachenwelt zum Sprechen, die in unsere irdische Welt hereinbricht und der Systematisierung spottet. So legt die Bibel und auch Gott — möchte ich sagen — gar keinen Wert auf Systematik, auf gedankliche Einheit, sondern sie gehen immer der Tat entlang, handeln mit den Menschen, sind — wie man sagt — pragmatisch.

Pragmatisch sein heißt: dem Moment in einem praktischen Handeln gerecht werden, den Tatsachen entsprechend tätig sein. So ist Jesus kein Systematiker, sondern Pragmatiker gewesen, wenn er auch eine umfassende Reichs-Gottes-Schau hatte. Ebenso ist ein Christ in erster Linie ein Pragmatiker und kein Systematiker, während alle philosophische Theologie in sich den Drang zum System hat, zur gedanklichen Einheit. *Origenes* (S. 96) war hierfür das erste große Beispiel, später *Thomas von Aquin* (S. 100). Sie tun es nicht, ohne daß das Gedankengebäude vollständig perfekt und abgerundet ist, — das ist echt griechisch. Ich habe nichts gegen den systematischen Drang im Menschen, wenn er Gott dient, aber er handelt falsch, sobald er die Wirklichkeit vergewaltigt und zurechtrückt und die göttliche Offenbarung in eine ganz andere Linie hineinzwängt, wie das solche griechisch-christliche Denker durchgehend gemacht haben (S. 94—101).

f) Als christliche Denker sind wir jedoch Realisten. Wir *respektieren die Tatsachen.* Wir wissen, daß es Dämonen gibt, daß es Sünde gibt, daß es dem Verstand unerklärliche Vorgänge gibt, die aber einfach eine Wirklichkeit sind. Als echte Wissenschaftler sind wir Leute, die den Tatsachen Rechnung zu tragen haben. Darin besteht ja gerade eine gute Wissenschaft, daß sie die Tatbestände zur Kenntnis nimmt und auswertet und verbindet und auf ihnen fußt (S. 79 f.). Sie trägt nicht vorgefaßte Meinungen an die Tatsachen heran und korrigiert diese entsprechend — das ist ein übles Spiel und alles andere als Wissenschaft. Wieviel Dogmatismus dieser Art spukte von jeher in der christlichen Theologie bis heute umher! Das ist dann der griechische Geist, der gerne spekuliert und seine Gedankengebäude aufbaut — in die Luft hinein denkt und damit in die Sünde hinein. Wir bleiben streng bei dem, was Gott tut — heute und hier, was er einst getan hat und noch tun wird. Das gibt auch theologisch eine ganz andere Denkweise.

g) Von der Innenseite her gesehen haben wir die weitere Tatsache, daß Jesus-Leute *liebend* denken und aus der Liebe heraus wunderbare Erleuchtungen auch über den wahren und aufbauenden Sachverhalt unter Menschen bekommen. Wir können erblicken, wie man sich gegenseitig helfen kann, selbst wie die ganzen soziologischen Strukturen in Ordnung kommen können, wenn man sie nur einmal Gott unterstellt und den Eigenwillen aufgibt. Dies geschieht eben aus dem liebenden Denken, während der griechische Geist in erster Linie philosophisch denkt und autonom, gedankenmäßig und unerlöst-selbstsüchtig vorgeht. Es ist ein großer Unterschied, ob ich die Liebe oder mein eigenes Denkvermögen zum Motiv habe.

h) Die Folge ist, daß ein liebender Mensch auch *andere Meinungen respektieren* und die verschiedenen Gaben der Jünger achten kann. Die demütige Art Jesu wird seine Grundhaltung. Die Demut (S. 88) ist eine sehr wichtige Bestimmtheit unseres Denkens. Wenn wir demütige Menschen sind, urteilen wir anders, als wenn wir nicht demütig werden. Gerade in der christlichen Welt ist ein demütiges Verhalten der Schlüssel zu vielen wunderbaren Erfahrungen mit Gott, die gleich ausgeschlossen sind, sowie die wahre Demut nicht da ist. Was ist dann? — Paulus sagte (1. Kor. 8, 1) das schon genannte wichtige Wort: „Die Liebe baut auf, und das Denken, das Erkennen, das Wissen bläst auf“, d. h. macht eitel. Es besteht ein sehr großer und enger Zusammenhang zwischen unserer geistigen und geistlichen Denkweise bis hin zur Art ihrer Produkte. Wenn wir nur auf uns selbst gestellt denken, ist die satanische Versuchung zur eitlen, anmaßenden Geisteshaltung sehr naheliegend. Das sind dann Charakterfolgen aus dem griechischen Ansatz heraus. Es zeigt sich also deutlich: Wenn wir nicht als wiedergeborene Menschen wirklich Gott unterstellt sind, sondern als unwiedergeborene Menschen unserem eigenen, unerlösten Denken folgen, kommen wir zu großen Irrtümern. Ein sehr tiefes Wort von Paulus (Röm. 1, 22) bezeichnet diesen Tatbestand: „Als sie sich für weise hielten, sind sie zu Narren geworden.“ Das heißt: Als sie sich für gescheit hielten, sind sie ganze Dummköpfe geworden, haben sie nicht erfaßt, um was es geht, und denken ganz falsch, ganz dumm, nicht den Dingen entsprechend. In diesem Zusammenhang kann man, zugespitzt gesprochen, oft feststellen: sehr gescheit, aber dumm.

i) Ein Kennzeichen christlich-theologischen Denkens ist es schließlich, daß es *eingebettet* ist *in das Frömmigkeitsleben,* in die Gemeinde, in den Dienst und in die Mission. Ich werde noch (S. 180 ff.) darstellen, daß kein Student und kein theologischer Lehrer richtig christlich lernen und lehren kann, wenn er nicht auf irgendeine Weise in der Gemeinde steht, ein Glied einer lebendigen Gemeinschaft ist, wenn er nicht betet und liebt und echt fromm ist, nicht mit seiner Kenntnis dient und nicht missioniert. In einem gewissen Maß ist das von einem jeden von ihnen zu erwarten, auch wenn er ausschließlich Lehrer ist — etwa Hochschullehrer. Der griechische Geist dagegen kennt nur den auf sich gestellten Philosophen. Wohl war diese Akademie in Athen — das Urbild aller Universitäten — immerhin ein Kollegium. *Sokrates* sammelte seine Schüler um sich, und *Plato* hat in einer Gemeinschaft philosophierender Menschen gelebt. Aber irgendwie ist das alles doch theoretisch geblieben, im Ergebnis und auch im Ansatz, in dem das eigene heidnische Denken ausschlaggebend war. Der private Gelehrte, der privat studierende junge Theologe, der privat arbeitende Forscher ist im Abendland das Urbild theologischen Verhaltens geworden und bis heute geblieben. Dieser Typ ist gerade nicht in die Gemeinde eingebettet, gerade nicht vom Haupt Jesus her im Heiligen Geist als Glied mit anderen verbunden und gemeinsam arbeitend.

4. Geistesgeschichte und geistliche Geschichte

Bei meinen kirchengeschichtlichen Arbeiten habe ich gesehen, daß zwischen der Entwicklung des menschlichen Geistes und dem Fortschritt im Reiche Gottes Beziehungen bestehen — nicht nur Gegensätze. Gott ist ja ein Gott der allgemeinen Menschheitsgeschichte, gerade auch der geistigen. Wir können in ihr gewisse Fortschritte erkennen — etwa als die griechischen Philosophen, wie wir sahen, zum erstenmal unabhängig dachten, wissenschaftlich dachten —, gegenüber dem mythologischen Denken, das alles, auch die Naturerscheinungen, von den Göttern und ihrem Wirken her gesehen hat. Das war ein Fortschritt. Das entsprach dem Auftrag Gottes: Macht sie euch untertan, die Welt — auch die geistige Welt. Die Ergebnisse geistiger Arbeit sind ein Stück schöpferischer Betätigung des Menschen, die ja allein uns, nicht den Tieren, möglich und von Gott aufgetragen ist. Ein geistig produzierender Mensch empfindet manchmal sehr stark, wie wunderbar gottmäßig diese Schöpferkraft des menschlichen Geistes ist. Wir sind da wirklich auch ein Abbild Gottes, selbst in unserer sündigen Begrenztheit. Und so ist an sich gegen diese Gabe nichts zu sagen — im Gegenteil.

Aber es ist oft so gewesen, daß ein solcher Fortschritt in extremer Verwirklichung geschah und nun auf eine ganz einseitige Betonung des Neugefundenen hinauskam — etwa bei den Griechen auf die Vernunft, als Unterschied zu den unvernünftigen Barbaren. Noch radikaler dachte und handelte man zur Zeit des Rationalismus, des Verstandesglaubens. In Paris setzte man irgendeine Person als Göttin der Vernunft auf einen Wagen und fuhr sie durch die Stadt, weil man meinte: Mit der Vernunft ist jetzt alles zu erklären. Jedes Theologische, Göttliche ist erledigt, indem wir endlich die Vernunft gefunden haben.

So fielen durch unsere menschliche Beschränktheit und durch unsere menschliche Sünde auch die Fortschritte in der Menschheitsgeschichte meist ins Extrem, bis dann wieder ein Ausgleich *durch schlechte Erfahrungen* kommen mußte.

Auch in der Theologie ist die Vernunft weder überzubewerten, noch auszuschalten, sondern wie gesagt einzuschalten. In der erleuchteten Handhabung besteht ihre richtige Ingebrauchnahme. Und wenn wir jetzt kurz eine Bestandsaufnahme über die Geschichte des Theologismus vollziehen, bleibt gegenüber allen Fehlern, die gemacht wurden, heute erst recht die Aufgabe, nun diese Einseitigkeiten, diese „... ismen“ und auch Sündhaftigkeiten zu sehen und auszugleichen und einen besseren Ansatz zu finden.

V. Die Geschichte des Theologismus

1. Die Apologeten

Bei diesen „Verteidigern“ des Christentums (um 150 n. Chr.) erfolgte zum ersten Mal die Begegnung und Auseinandersetzung zwischen christlichem und griechischem Geist. Bis dahin waren die Urchristen charismatische, wenn auch im 2. Jahrhundert schon leicht gesetzlich und amts- und sakramentsmäßig werdende, aus Gott heraus handelnde Jesusjünger. In der biblischen Zeit war die Bekehrung der Eintritt in die Kirche; man hat den Heiden die Botschaft — wie Paulus — wohl mit großer Weisheit, aber mit voller entschlossener Hingabe an Jesus und mit einer — in den Augen anderer Menschen — einseitigen Bezugnahme auf Jesus gebracht. Dies geschah, weil der Botschafter eben ein Jesus-Mensch war und er Jesus auslebte und den Menschen in Jesus diente und sie in das Reich Jesu brachte. Nun meldete sich die griechische Welt; es bekehrten sich zunehmend auch Gebildete. Jetzt entstanden die sogenannten geistigen Fragen und Bedürfnisse, auch die Einwände. Die Apologeten haben versucht, diesen Erfordernissen gerecht zu werden. Ähnliches müssen wir bei jeder Evangelisation und Freizeit tun, wenn wir mit Außenstehenden über das Christentum ins Gespräch kommen. Dann stellen sie Fragen, auf die man antworten muß. Man braucht eine gewisse theologische Zurüstung, um ihnen von der Sache her gerecht zu werden.

Aber wie geschah nun diese Zurüstung? Sie vollzog sich großenteils dadurch, daß die griechische Denkweise durch die Apologeten ins Christentum übernommen wurde. Die griechische Methodik und auch griechische Begriffe durchdrangen die christliche Lehre und haben so die geistliche, jesusgemäße Denkweise an den Rand geschoben oder ganz verdrängt. Es gab kein eigentliches, frohes Jesuszeugnis mehr. Alles wurde geistig, reflektiert und von der Haltung der Gegner selbst bestimmt. Es geht hier wieder um eine Denkweise, um ein Gesamtverhalten, — nicht darum, daß man einzelne Gedanken übernimmt, sondern darum, wie man insgesamt denkt und handelt, ob als charismatischer oder als griechisch bestimmter Christ. So haben diese Apologeten Sätze gesagt, die deutlich zeigen, wie sehr sie schon griechisch überfremdet waren, etwa: „Das Christentum ist die Erfüllung der griechischen Philosophie", oder „Wir haben eine geoffenbarte Lehre, die man übernehmen kann." Hier ist schon der Beginn einer leeren Lehre, eines nur gedanklich und begrifflich bestimmten Systems da. Nach der Bibel aber ist „Lehre" die Botschaft von Jesus, Mitteilung aus Gnade und Offenbarung heraus. Dies ist eine ganz andere, erfüllte Art von Lehre. — Jesus wurde schon bei den Apologeten zum *Logos,* zur Weltvernunft gemacht. Sie sagten: Was die Bibel Logos nennt, sind im Grunde nur die Weltgesetze der griechischen Naturphilosophen. Das war also ein Spiel, ein Begriffs-Trick, eine unstatthafte Inhaltsvertauschung zwischen dem johanneischen Wort logos (Joh. 1, 1—14), welches das geoffenbarte und Mensch gewordene Wort Gottes bedeutet, und dem griechischen Wort logos, welches die vernünftige Weltordnung meint, — zwei völlig verschiedene Dinge, nur mit der gleichen Bezeichnung. Man nahm also das Wort logos und hat die Kühnheit besessen, Jesus zur Weltvernunft zu erniedrigen, in dem Versuch, den Griechen einen Zugang zum Evangelium zu bieten. Diese Vertauschung des Logos-Begriffes wurde ein folgenreiches Grundschema. Und es erfolgte auf diese Weise eine Preisgabe der Substanz und der Erlösungskraft unserer Botschaft zugunsten des griechischen Denkens.

Dieser Vorgang ist in der Geschichte der Theologie noch oft zu beobachten: die Verwässerung und Verschleuderung der Substanz zugunsten der Anpassung an griechische oder allgemein-menschliche Denknormen. Ich betrachte das jetzt alles unter dem Hauptgesichtspunkt, daß damit das Große verwässert und verfälscht und unsere christliche, geistliche Denkweise verkauft wurde. Meist unbesehen. Sie merkten gar nicht, welch eine entscheidende Verlagerung sich hier vollzog. Vielleicht, weil dieses griechische Denken ihnen so imponierte, weil es auch ihrem christlichen Denken so überlegen erschien. Ähnlich kommen vielleicht wir uns oft ganz dumm vor gegenüber den „Klugschnackern" dieser Welt — und sehen nicht, daß wir die wahrhaft Weisen sind und sie wahrhaft die Toren. Deshalb braucht man hier einen Entschluß und eine Einsicht des Glaubens, und es bedarf auch der Belehrung, zu deren Annahme wir immer bereit sein müssen.

2. Origenes

Ich komme nun zu Origenes (185—254 n. Chr.). Ich kann von allen diesen Vertretern nicht ausführlich sprechen. So bringe ich hier nur die Hauptzüge, um daran zu zeigen, was Theologismus ist.

Origenes (S. 90) war nun ein Systematiker und huldigte dem systematischen Bedürfnis. Es ist eine Grundtäuschung der Theologie, wenn sie alles ins System bringen will — das ist echt griechisch, aber nicht christlich. Gott ist kein Systematiker, sondern ein Pragmatiker (S. 90). Die Bibel ist kein systematisches, sondern ein pragmatisches Buch. Deshalb dürfen wir auch etwa die Lehren über die kommenden, die letzten Dinge (Eschatologie) nicht in der Weise in ein System pressen wollen, wie es leider oft geschieht. Das ist dann ausgesprochen griechisches Denken. Auch die Allversöhnungslehre, die von Origenes zum ersten Mal aufgestellt wurde, ist eine Schlußfolgerung dieser falschen Systematik. Bei Origenes wie bei dem heidnischen Philosophen *Plotin*, dem Schöpfer des Neuplatonismus, war es wohl eine letztlich satanisch inspirierte Idee, das Schwergewicht der Erlösung aus dem Sittlichen ins Existentielle zu verlagern und sie damit auszuhöhlen. Der Sündenfall bestand nach dieser Lehre in dem Werden der Materie (die doch Geschöpf ist), und die Erlösung im zunehmenden Schwund an materiellem Anteil bis zum endlichen Aufgehen aller Dinge in dem immateriellen Gott. Dort ist dann Gott als reine Idee alles in allem. Die logische-spekulative Konstruktion war die Mutter aller Allversöhnungslehren. Die Logik erforderte es, daß die Menschen und Gott alle zuletzt wieder in eins fließen — dann ist der Kreis rund und dem System ist Genüge getan. Aber die Bibel spricht anders.

Origenes meinte, die christliche „Weltanschauung" sei die Erfüllung der heidnischen. Man könne beide gut vereinigen. Sokrates, Plato und solche Denker waren in seinen Augen auf ihre Weise auch schon Offenbarung Gottes so wie die Propheten und Apostel. Dergestalt wurde alles in Paralelle gesetzt. Ähnlich tat es später Thomas von Aquin (S. 52 f.; 100). Er wollte Aristoteles mit der Bibel vereinigen. So wurde die griechische Denkweise vorherrschend und ist als hellenistische Theologie in der ganzen Ostkirche durchgedrungen, wie sie Origenes als ein hervorragender Denker aus sich heraus geboren hat. Später hat ihn allerdings diese Kirche als Ketzer verurteilt.

Origenes unterschied auch typisch griechisch, aber nicht christlich einen niederen Stand der Nur-Glaubenden von dem höheren — sagen wir — der Philosophisch-Erkennenden. Das ist im Sinn der Gemeinde eine Unmöglichkeit; denn gerade die Schlicht-Glaubenden bis hin zu den Analphabeten von Timor sind oft die von Gott einer größeren Gnade Gewürdigten als Leute der hohen Erkenntnis, die dann das eigentliche Geheimnis nicht mehr in einem glaubenden Herzen tragen, sondern von ideologischer Überfremdung verfolgt sind. Natürlich gibt es auch hochgebildete Gläubige.

3. Die Scholastik

Im *frühen Mittelalter* war eine verhältnismäßig untheologische Theologie im Gange. Man begnügte sich damit, die Kirchenväter auszulegen und sie für die Gegenwart anzuwenden. Freilich waren unter jenen auch Origenes und Augustinus (S. 74). Letzterer hat wohl die Botschaft von der Gnade, aber auch manche andere sehr neuplatonische Gedankengänge vertreten, die durchaus nicht dem Evangelium Jesu entsprechen.

Erst die *Scholastik* des hohen Mittelalters (etwa ab 1100 n. Chr.) brachte gegenüber der frühmittelalterlichen Theologie eine Änderung. Hier wird die theologistische Linie in Gestalt der methodischen Leidenschaft, in der theologischen Besessenheit ihres schulgerechten Denkens besonders deutlich. Die fromme Christlichkeit jener mittelalterlichen Welt ging bei diesen unwiedergeborenen, autoritätsgläubigen Denkern eine merkwürdige Kombination zwischen Philosophie und Theologie ein und versandete schließlich im öden Streit der Schulen. *Luther* sagte dieser Denkweise total ab, hat aber im Lehrbetrieb wohl eher die alte schulmäßige Vorlesungsform beibehalten, als daß er eine neue in Mission und Gebet eingebettete brüderliche Lehrgemeinschaft geschaffen hätte.

Die Scholastik hat ihren *Namen* von „schola“, *Schule.* In dieser Zeit kam es zur regelrechten Gelehrtenschule. Und alle Lehrstätten, besonders die Hochschulen, haben im Ansatzpunkt die Intellektualität. Hier wird ja das Denken betätigt, sonst wäre es keine Schule. Man muß sich nun aber von vornherein der Gefährdung der inneren Glaubenshaltung und der eigensten Hingabe an Gott bewußt sein, um eine richtige Schule zu haben. Dies hat man oft nicht gesehen. Man hat eher die Schule, die Schulleistungen, die Schulgescheitheit und die Schullehrer angebetet und war sich über das Risiko, das in jeder Schule liegt, oft nicht klar. Wir wollen diese Erkenntnis bewußt herausarbeiten.

a) Abälard

Für die scholastische Lehrmethode wurde der Franzose Abälard (1079—1142) bahnbrechend. Sein Volk hat ja als nationale Gabe die durchdringende Logik des Denkens. Es hat schon manchen scharfsinnigen Philosophen hervorgebracht; eine große Befähigung, wenn sie richtig angewendet wird! Wir Deutschen sind mehr spekulativ, ideologisch, beinahe dichterisch philosophierend, während der Franzose seine klare Denkkraft, die mathematische Begabung anwendet. Blaise Pascal ist hierfür ein Beispiel.

So hat Abälard in seinem Buch „Sic et non“, „Ja und Nein“ eine Zusammenstellung von Aussprüchen von Kirchenvätern gemacht, die sich widersprechen. Dann hat er versucht, sich damit auseinanderzusetzen. Es geht mir hier nicht um den Inhalt, sondern um die Denkweise. Abälard ist nun der kritische Geist, der damals die Kirchenväteraussagen verglich, These gegen Antithese setzte und eigentlich so das Schema der Universität geboren hat. Auf der mittelalterlichen Hochschule und bis heute ist ein Grundkonzept der Vorlesungen das des Lehrers, der seine Meinung der eines anderen Gelehrten entgegensetzt und die beiden nun vergleichend aushandelt. So hat sich mein Lehrer Schlatter oft mit ihm konträren damaligen liberalen Theologen, Bousset, B. Weiß und anderen auseinandergesetzt, oder der Kirchengeschichtler Scheel tat dies mit den katholischen Lutherforschern Denifle und Grisar.

These und Antithese setzen heißt Satz und Gegensatz einander gegenüberstellen. Diese Denkweise Abälards war schon stark rationalistisch. Hier hat sich der Theologismus kräftig geltend gemacht. Aus Prinzip wurde methodischerweise immer entgegengesetzt gedacht. Es ist aber ein großer und tiefer Unterschied, ob man in seinem theologischen Denken aus Kritik heraus handelt, die Dinge gerne gegensätzlich sieht, überall Schwierigkeiten heraussucht und -findet, — etwa auch in der Bibelbetrachtung —, ob man also diese Mentalität als Grundlage einer sogenannten wissenschaftlichen Methode besitzt, oder ob man wirklich wissenschaftlich die Dinge stehen läßt, wie sie sind, sie prüft, vergleicht und auch die Übereinstimmung sucht und feststellt und vor allen Dingen das Positive sieht. Unsere christliche Welt ist nun einmal eine Welt positiver Werte und ist keine Welt kritischer und zu kritisierender Probleme. Wir haben eine Botschaft zu bringen. Wir haben den Menschen ein Wort von Jesus zu sagen. Das ist etwas ganz anderes als dauernd problematisch-kritisch zu verfahren und diese Botschaft damit überhaupt nicht zu erfassen. Man kann auf diese Weise das, was Jesus und was die Kirche eigentlich will, niemals zutreffend erkennen. Man wird es immer nur verzerrt erfassen können, und es ist dann eine verzerrte Lehre, die den zukünftigen Amtsträgern mitgeteilt wird.

Bernhard von Clairvaux hat wohl diesen rationalistischen theologischen Zug in der sich entwickelnden cholastischen Wissenschaft herausgefühlt. Er war der große Charismatiker, der in seiner klösterlichen Heimstätte ein bis dahin unbekanntes und — ich möchte sagen — unbeschreiblich göttliches Leben mit seinen Leuten führte, so daß Clairvaux damals ein besonderer Ort der Gottesnähe war. Wenn die auswärtigen Brüder schon nicht dort leben konnten, so wollten sie wenigstens im „klaren Tal“ bestattet sein. Dieser Charismatiker hat gemerkt, was hier in der Kirche für eine Gefahr heraufzog und hat sich ihr persönlich und auch lehrmäßig nachdrücklich entgegengestellt. Es wird oft nicht begriffen, warum er es tat. Man hält ihn dann für einen mittelalterlichen Theologen, der eben dem modernen Fortschritt in den Weg trat. Hier zeigt sich wieder der ideologische Wahn und die vom Gedankengehalt her bestimmte theologistische

Sichtweise, die bei uns gang und gäbe ist, anstelle der eigentlichen geistlichen Betrachtung der Dinge. Man würde sehen, welche zwei Welten sich gegenübertraten und welche eigentlich die Welt der Kirche und welche eine Welt der Nicht-Kirche ist. Das Richtige an Abälard war einseitig.

b) Thomas con Aquino (1225—1274)

Thomas macht (S. 52 f.; 96) den aus unserer Sicht höchst bedenklichen Versuch, griechische Philosophie und biblischen Glauben zu vereinigen, ineinanderzuarbeiten, und hatte die gute Zuversicht, daß das auch gehe. Aber so weit ich ihn verstehe, konnte er dies nicht anders machen, als daß Aristoteles den bestimmenden Rahmen abgab und seine eigene Denkweise griechisch philosophisch war. Wohl war sein Material die göttliche Offenbarung, also das, was die Bibel sagt. Und er hat sichtlich eine tief katholische Schau von allen diesen Dingen gehabt. Aber die zusammenfassende Tätigkeit seines systematischen Geistes hat das doch alles vom Denken her vereinigt und erklärt. Er war im Grunde schon ein großer Rationalist, so katholisch fromm er auch war. Er hat damit seiner Kirche einen sehr schlechten Dienst geleistet, obwohl sie ihn zum „doctor ecclesiae“, zum „Lehrer der Kirche“ erklärte. Es war ein grandioses, systematisches Gebäude, in welches er Natur und Glaube ineinanderarbeitete und sie verband — und man meinte: Nun ist es doch geschafft; jetzt klafft Glaube und Wissenschaft nicht mehr auseinander. Aber er tat das um den Preis, daß eben der christliche Glaube griechisch-theologisch überfremdet wurde. Das gerade ist eine Methode, die weiterwirkte. Bis heute wird immer neu von der griechischen Denkweise her, von der systematischen, forschenden Methode und deren mitgebrachten Voraussetzungen her eine Klammer um die biblischen Tatsachen geschlagen, so daß diese in einen ganz falschen Rahmen hineinkommen.

c) Die Spätscholastik (1300—1500)

Die weitere scholastische Wissenschaft bis Luther hin war beherrscht vom Streit der Schulen, der Anhänger des Thomas von Aquino und seines theologischen Gegners Duns Scotus (1270 bis 1308). Immer mehr geriet man in eine spitzfindige Begriffsklauberei; die Logik verwilderte und die Substanz verschwand. Schulstreit und Begrifflichkeit sind besonders deutliche Äußerungen des Theologismus; hier kommt die egoistische Lehrbetonung einzelner oder von Gruppen (damals von Orden) und die Ferne vom wirklichen Jesus, der Aufenthalt in den Gedankenregionen drastisch zum Ausdruck. Oft läßt Gott die Dinge im Absurden und im Dürren enden. Hier erweist sich dann im Übermaß, daß der Theologismus eine lebensuntaugliche Atmosphäre verbreitet.

4. Luther

Luther (1483—1546) durchbrach nun als fromme Person dieses ganze diffizile, spitzfindige System der auch ihm vertrauten Scholastik. In der Begegnung mit dem lebendigen Heiland selbst konnte er es persönlich erfassen: Der Mensch wird nicht durch scholastisch-theologisches Denken gerecht — er wird als Sünder durch das Blut Jesu gerecht. Luther hat oft von der „Hure Vernunft“ gesprochen — aus der Erfahrung heraus, daß er selbst als mittelalterlicher Professor hier falsche Wege gegangen und diese Art Denken ihm verdächtig geworden war. Er selbst hatte den Glauben erfahren und schuf auch eine Theologie des lebendigen Glaubens. Wenn man seine Predigten und seine öffentlichen Schriften liest und vom Mittelalter, selbst von Bernhard von Clairvaux her kommt, ist es erstaunlich, welch ein klares Wasser hier wieder fließt. Da sprudelt der lautere Quell des Evangeliums. Dies steht ganz unvergleichbar allen mittelalterlichen Texten gegenüber. Da erlebt man wieder, was jesusmäßige Theologie ist!

Nun muß ich freilich auch ein „aber“ hinzufügen. Das alles war mehr seine persönliche Glaubensart. So lebte er, so lehrte er, so liebte und litt er, und so starb er auch. Darum wurde er der Bahnbrecher einer ungemessenen Bewegung in der ganzen Welt, weil er aus der neuen Glaubenskraft lebte und handelte. Er war in dem Sinn kein Gelehrter, sondern ein „Volksmann“, ein Prophet, ein Offenbarer Gottes in weiterem Sinn. Damit hat er auch der Theologie wieder eine neue Bahn gebrochen. Aber — nun kommt schon bei ihm dieses Aber — methodisch hat er den

Schritt nicht gemacht, daß Glaube wieder missionarisch, bezeugend, realistisch, dynamisch weitergetragen worden wäre. Luther machte den merkwürdigen Schritt zur „Verschulung“ des Glaubens. Gleich zu Anfang (1520) schrieb er eine Schrift an die Fürsten, an den „Christlichen Adel deutscher Nation“, daß Schulen errichtet werden müßten. Aus der Mission wurde nun eine Schule und aus dem Missionar der Hausvater, der seine Kinder lehrt. — Nun wissen wir aber, daß Kinder zunächst meist in den gesetzlichen, begrifflichen Zustand des Glaubens treten. Was ihnen gesagt wird, wird zuerst einmal zur Kenntnis genommen, und alle Schulen — das erleben wir als Religionslehrer laufend — bringen zum großen Teil diese verschulte Christlichkeit hervor. Die Dinge sind bestenfalls orthodox angeeignet, aber nicht Eigentum geworden; keine Bekehrung, sondern nur ein frommes Wissen. — Das hat Luther wohl nicht gesehen. Er hat vermutlich deshalb auch sehr wenig Brüder gehabt, die mit ihm beten und glauben konnten. Bekannt ist sein Ausspruch: „Ich habe die Leute nicht!“ Vielleicht kam das auch aus der Art seiner eigenen Tätigkeit, daß er eben als Professor *lehrte* und nicht so sehr als Missionar Christus bezeugte, obwohl er das gewiß auch tat.

Hinter dem allem stand wohl die Tatsache, daß Luther an der volkskirchlichen Pfarrgemeinde der durch die Taufe Christen Gewordenen festhielt und keine wirkliche Unterscheidung von Gerechtfertigten und Nichtgerechtfertigten in ihr vollzog. Deshalb kannte er auch keine eigentliche Mission innerhalb der Kirche — etwa der Gerechtfertigten den Nichtgerechtfertigten gegenüber —. Er sprach von Rechtfertigung durch den Glauben, nicht so sehr von Wiedergeburt. In seiner persönlichen Erfahrung fiel beides, wie in der Bibel, zusammen. Die Lehre von der Rechtfertigung konnte aber, gerade schon in der Schule, begrifflich-gedanklich als Schuldaustausch verstanden werden (S. 144). Die Tatsache der Wiedergeburt ist aber nur erfahrbar und entzieht sich dem lehrhaften Mißverständnis. Von Anfang an hatte wohl im Theologiebetrieb Wittenbergs bei Hörern und Mitarbeitern die Rechtfertigung auch diese orthodox-juristische Schlagseite, die dann in der Schulorthodoxie nach Luther noch mehr hervortrat. Wir sehen nicht, daß sich hier eine neue Art, Theologie zu treiben, entwickelt hätte, die vom geistlichen Menschen her denkt und von ihm getragen wird.

5. Melanchthon

Luther hat von Melanchthon (1497—1560) viel gehalten. Es ist erstaunlich, wie dieser geniale Luther den klugen Schulmeister verehrte — vielleicht aus einem gewissen Minderwertigkeitsgefühl des Glaubensmenschen aus Bauernblut gegenüber dem bedeutenden Gelehrten aus humanistischem Hause. Melanchthon hat gewiß die lutherische Lehre mit persönlicher Teilnahme vertreten, aber wohl nicht mit der Inbrunst, der Direktheit und Standfestigkeit wie Luther — sondern mehr gedanklich, begrifflich; immerhin ist sein ganzes Augsburgisches Bekenntnis, das er schrieb, echt lutherisch — von Luthers Geist geprägt. Aber er selbst war eine Natur, die überwiegend lehrmäßig dachte. Das zeigten seine „loci" (Lehrsätze), diese seine Systematik, die er geschrieben hat, ebenso die professorale Art, die darin zu erkennen war, wie er die Evangelischen nach Luthers Tod führte. Er versuchte alle zu verstehen und war um des lieben Friedens willen zu Zugeständnissen an die katholische Seite bereit. Nicht zufällig sind schon zu seinen Lebzeiten darüber die Streitigkeiten ausgebrochen, was nun „ursprünglich-lutherisch", „gnesiolutheranisch", und was „philippistisch", Philipp Melanchthon entsprechend sei. Er war doch als Humanist auf die geistig-menschlichen Werte und Leistungen eingestellt und hat dem falschen theologischen Wesen auch im Lehrbetrieb neu die Bahn gebrochen.

6. Anliegen und Logik

Ich möchte hier als Einschub einmal etwas ausführlicher davon sprechen, daß alle diese Erscheinungen auf dem Gebiet der Theologie und gerade auch des Theologismus ein gewisses berechtigtes Anliegen vertreten, es aber falsch erfüllen. Es hätte keinen Zweck, diese Dinge alle mit einer Handbewegung vom Tisch zu schieben. Darin steckt ein Suchen nach richtigen Lösungen, sie werden nur mit verkehrten Mitteln angestrebt. Gerade in der theologischen Auseinandersetzung der Gegenwart muß man hier unterscheiden lernen. Man wird nicht gehört und ernstgenommen, wenn man nicht das Anliegen auch falscher Lösungen versteht und zeigt, wie die sachgemäßen Lösungen aussehen.

Ich möchte in diesem Zusammenhang noch einmal auf früher genannte theologische Erscheinungen zurückkommen, so auf die *Apologeten.* Ihr Anliegen war, den christlichen Glauben *in die damalige Umwelt einzuordnen.* Diese war griechisch-philosophisch bestimmt, und hier war eine theologische Arbeit zu leisten. Auch heute ist diese Aufgabe uns gestellt: Wie können wir unserer Umwelt richtig dienen? Bei jeder Mission muß man ja neu fragen: Wie denken die Menschen? Wie werden wir diesem Denken gerecht? Welche Antworten haben wir vom Glauben her? Die Apologeten haben unter guter Absicht etwas geleistet. Es war ein origineller Versuch auf unbekanntem Gebiet, aber wir haben das „Aber" ja schon (S. 94) hinzugefügt — auf falschen Wegen. Sie haben das griechische Denken zum eigenen Denken gemacht, anstatt nun christlich zu denken und zu theologisieren. Damit verfielen sie gewissermaßen dem Gegner und seinen Arten, geistig zu denken und zu argumentieren. Es war letztlich eine griechische Theologie und keine christliche, die sie zustande brachten. Die typische Erscheinung des Substanzschwundes trat ein.

Was ist *Substanzschwund?* — Er tritt ein, wenn die Mitte unseres Glaubens verlorengeht, wenn die Substanz, der eigentliche Gehalt dessen, was jesusgemäßes Leben darstellt, preisgegeben wird, um eine Brücke zur Umwelt zu schlagen. Hier wird absichtlich nicht von „Christentum" gesprochen. Es geht um dieses jesusgemäße Leben. Damals wurde der Erretter, Jesus, der Erretter von Sünden — die Lehre, die eben unsere christliche Botschaft ausmacht — preisgegeben. Jesus wurde in einen „logos" verwandelt, in die höchste Vernunft, und damit der Inhalt griechisch gemacht. So vollzog sich der Abfall vom Eigentlichen. Diese Gefahr hat sich in allen Versuchen, theologisch zu arbeiten, laufend wiederholt und muß dauernd im Auge behalten werden. Auch wir müssen aufpassen, daß wir nicht, wenn wir etwa die heutige zeitgenössische Denkströmung in Betracht ziehen, dieser Gefahr selbst verfallen; denn alle diese Dinge haben eine Eigengesetzlichkeit, eine jeweils eigene Art zu denken, zu argumentieren und zu wirken und sind vielfach auch dämonisch bestimmt. Wir benötigen deshalb erst recht Gnade und Festigkeit und auch originelle, geistliche, schöpferische und theologische Leistungen, um der Situation gerecht zu werden.

Ähnlich wie bei den Apologeten verhielt es sich bei den Anliegen des Origenes. *Origenes* war (S. 96) ein Systematiker und hatte ein systematisches Bedürfnis. Nun ist Systematik etwas Gutes. Jeder christliche Leiter benötigt systematisches Denken. Das ist nicht zu umgehen. Es gibt freilich auch charismatische und ganz unsystematische Menschen, die etwa in der Kinderarbeit Gutes leisten. Sowie wir aber eine Gemeinde führen müssen und in der Auseinandersetzung mit den zeitgenössischen Geistesströmungen stehen, brauchen wir in gewissem Grade auch systematisches Denken. Das heißt, man muß die Dinge vergleichen, nebeneinanderhalten, auf einen Nenner bringen, Schlußfolgerungen ziehen und einen großen Überblick wahren können. Und so war Origenes ein systematisches Genie. Aber das Denkbedürfnis und die Systematik haben ihn dazu verführt, ein abgerundetes Weltbild zu schaffen, in dem zum Schluß nur noch Harmonie herrscht, wo es keine Verdammten und Unerlösten mehr gibt. So findet er sich schließlich bei der Allversöhnung wieder, bei der Rückkehr aller Wesen zu Gott. Das vollzog er in einer systematischen Ausscheidung der materiellen Qualitäten, die er als sündig abstempelte, ähnlich wie *Plotin* es ohne Beziehung auf Christus tat. Hier hat sich gezeigt, wie heidnisch diese Art von Systematik war und zum Verlust und zur Preisgabe der christlichen Substanz führte. Der Ansatz war verfehlt. Dieser ging vom griechischen Denken aus und nicht von der christlichen zentralen Gläubigkeit. Die theologische Denkweise dieser Männer war ganz von der Logik her bestimmt.

Ich komme nun auf die *Rolle der Logik in der Theologie.* Ihr allzu unkritischer Gebrauch trägt wesentlich zur Erscheinung des Theologismus bei. Logik ist die Kunst folgerichtigen Denkens. *Origenes* und *Plotin* erschufen sich ihren Gott mit Hilfe lauter logischer Prozesse. Durch Abstraktion, durch Abzug der realen Gegebenheiten an den Dingen kamen sie zu immer allgemeineren Begriffen und schließlich auf Gott als das reine, unpersönlich-allgemeine Sein an sich, dem alles entsprungen sei und zu dem alles zurückkehre. Das war auch der Gott des *Thomas von Aquino* — höchstes Sein, während der des *Duns Scotus* höchster Wille war. Über diese beiden Auffassungen stritten sich die scholastischen Schulen jahrhundertelang. Ist das aber der Gott der Bibel und der christlichen Erfahrung, der Vater, — höchste, liebende und handelnde Person? Hatten diese Männer die Vaterliebe Gottes im Blute Jesu erfahren? Es war alles Gedankenkonstruktion geworden.

Die einlinige theologische Logik hat dann im Theologismus weiterhin ihre verhängnisvolle Rolle gespielt. Das *Entweder-Oder* des Aristoteles, die ausgeschlossene dritte Möglichkeit verleitete zu Manipulationen, die der Wirklichkeit nicht entsprachen. Der Reichtum der göttlichen, himmlischen, geistlichen Tatbestände läßt sich auf dem Weg der theologischen Schlußfolgerung nicht zutreffend erfassen. Viel Streit unter Theologen kam von der Unkenntnis oder Mißachtung dieser Tatsache. Man kam dann zu dem logischen Entweder-Oder etwa bei der Vorherbestimmung des Menschen zu Errettung oder Verderben; bei der Beurteilung der Bekehrung als dem Werk Gottes oder des Menschen oder als Zusammenwirken beider; Allwirksamkeit Gottes oder Freiheit des Menschen. Die göttliche Offenbarung in der Bibel geht von der Welt der Realitäten Gottes aus, von ihren Gegebenheiten und Vorgängen und enthüllt einen Teil derselben in geistlicher Mitteilung durch geistbegnadete Menschen. Diese Welt der göttlichen Wirklichkeiten wird vom geistlichen Menschen (S. 23 f.) an der Kundgabe in der Bibel geistlich zutreffend erfaßt (1. Kor. 2, 15), entzieht sich aber in ihrem vollen Sinn und Umfang selbst diesem geistlichen Verständnis, wird ihm nur wie durch einen Metallspiegel kund (1. Kor. 13, 12). Vollends ist diese Welt durch die gewöhnliche menschliche Logik in vielem nicht umfaßbar. Wenn diese mit ihrem Entweder-Oder-Denken zu manipulieren anfangen will, wird sie in vielem fehlgehen. Dies wird an jeder Gebetserhörung sofort sichtbar, ebenso am Hergang einer Bekehrung, an jeder Aneignung des damaligen Versöhnungstodes Jesu heute, an jeder Glaubensgewißheit, und auf anderer Ebene an realen, materiellen Wundern wie in Indonesien heute. Was ist bei alldem Ursache und Wirkung, früher oder später, Gottes Wirken und menschliche Freiheit? Diese Vorgänge spotten letztlich der begrifflich-logischen Zergliederung. Sie können geistlich-logisch sehr wohl durchschaut und in ihrem Zusammenhang und in ihrem So-Sein zutreffend erfaßt werden, entziehen sich aber der theologistisch-logischen Begrifflichkeit. Die Logik kann nur an ihrer Stelle gute Dienste tun und bedarf auch dann des erleuchteten und gottgeführten Gebrauchs. Sie scheitert aber an der Vielfalt, Vielschichtigkeit und Überrationalität des göttlichen Tuns, für das der Mensch kein ausreichendes Gefäß darstellt. Vollends geht eine rein rationale Logik mit ihren Vernunftschlüssen an dem Reichtum und der Tiefe der göttlichen Wirklichkeit vorbei und kommt zu unsachgemäßen und damit unwissenschaftlichen Folgerungen und Spekulationen. Das lehren uns die griechischen und mittelalterlichen Systematiker.

Es war eine Blüte, wenn nicht eine Ausgeburt des Theologismus, wenn diese spekulativen Geister ihren höchsten Begriff zu Gott machten. Die Stufenleiter des ganzen Daseins war die der mehr oder weniger inhalterfüllten Begriffe. Viele hielten diese für die wirklich existierenden Wesen und beriefen sich hierfür auf *Platos* „Ideen". Welch ein ideologischer Wahn! Das junge europäische Abendland vergötterte hier seine eigenen, neuentdeckten Denkkategorien und machte sie wie die Griechen zu Trägern des Alls! Jeder Theologismus hat die Neigung, seine eigenen Denkkategorien zu vergöttern.

7. Die lutherische Orthodoxie

Ein Beispiel dafür, daß auch voll auf dem Boden der biblischen Offenbarung stehende Theologen dem Theologismus verfallen können, ist die nachlutherische sogenannte „altprotestantische Orthodoxie" (Ende des 16. und im 17. Jahrhundert). „Theologistisch" ist also durchaus nicht gleichbedeutend mit „liberal".

Das Anliegen der Männer wie *Johannes Gerhard, Hutter, Calov, Quenstedt und Calixt* war, die neue lutherische Lehre von der Rechtfertigung aus Glauben allein, die ganze Schau Luthers bis hin zur Kirchenauffassung, die Verkündigung vom vollen Heil in Christus auch lehrmäßig festzulegen und zu klären. Sie vollbrachten eine erstaunliche, für die Kirche an sich notwendige Denkarbeit theologischer, systematischer Begriffsbildung über die neugeschenkten lutherischen Sichten und Erfahrungen. Das war ihr Anliegen.

Aber nun kommt wieder der Fehlweg, der Falschansatz. Es ging alles durch die theologische Düse. Ich gebrauche diesen Ausdruck (S. 81) als Sinnbild für die gewisse Einschränkung auf das rein Denkerische, abseits des Charismatischen, Geistlichen und göttlich Ausgelebten. Sie waren in diesem Sinn schon Rationalisten, obwohl sie persönlich fromme Lutheraner waren. Auch sie hatten, möchte ich sagen, einen unbegrenzten Glauben an die Macht des theologisch-logischen Denkens, gebrauchten es auch und wurden damit die Ursache der theologischen Dürre der orthodoxen lutherischen Frömmigkeit und Gläubigkeit. Die unmittelbaren Erfahrungen Luthers, die er mit seinem Gott machte, den er als den gnädigen Gott — wider alles Erwarten — entdeckt hatte, sie verwandelten sich unter der Hand zu einem Lehrsystem. Melanchthon hatte dazu schon einige Vorarbeiten in diese Richtung geleistet. Nun wurden aus all diesen großartigen, herrlichen Erfahrungstatsachen Lehrbegriffe. Die Bibelworte dienten zum Aufbau ihrer theologischen Systeme, die Predigten arteten aus in Lehr- und Streitvorträge. Wohl war das Leben noch vielfach lutherisch durchdrungen, geistlich allerdings wohl schon mehr orthodox — man weiß nicht recht, sind die Leute eigentlich bekehrt oder nur inhaltlich orthodox-gläubig. *Paul Gerhardt* (1607 bis 1676) und seine herrlichen Lieder sind jener lutherisch-orthodoxen Zeit entsprungen, sie haben wirklich unmittelbares Empfinden. Und die „vier Bücher vom wahren Christentum" des *Johann Arndt* (1555—1621) zogen die Linie zu einem persönlichen Leben aus Jesus. Hieran konnte der *Pietismus* anknüpfen, der sagte: Nicht die reine Lehre, sondern Lehre *und* Leben zusammen! Hiermit handelte er sich den erbitterten Widerstand der Orthodoxen ein, die betonten: Nein, es kommt auf die reine Lehre an; wenn das Leben betont wird, so ist das eben Werkheiligkeit. Sie waren schon so sehr theologistisch überfremdet, an das denkerische und lehrmäßige Christentum gewöhnt, daß die orthodoxe Geistlichkeit und besonders die Wittenberger Fakultät nicht nur wie bisher gegen die Reformierten, sondern auch gegen den heraufkommenden Pietismus in scharfen Gegensatz trat. Erst als beide Prägungen im jungen deutschen Vernunftglauben einen gemeinsamen Gegner bekamen, legten sich die Differenzen. Valentin *Löscher* (1673—1749), der letzte große orthodoxe Theologe, der Dichter des Liedes „Ich grüße dich am Kreuzesstamme", bekämpfte lange das „malum pietismi", das pietistische Übel, — nicht ohne sich aus ihm manches Brauchbare anzueignen. Als er aber im Rahmen einer von der Staatsbehörde und Kirchenleitung entsandten Kontrollkommission die junge Herrnhuter Gemeinde besucht und ihre zuchtvolle, lebendige Ordnung und ihr Eintreten für das ihnen Geschenkte sah, sagte er ihr mit Tränen in den Augen, daß sie in Lehre und Praxis eine christliche Gemeinde sei, während es der lutherischen Kirche hierin fehle. Sie sollte sich aber nicht über letztere erheben, (Beyreuther, Zinzendorf und die Christenheit, S. 118; Realenzyklopädie 11, S. 599 ff.). — Die theologistische Überfremdung ist gerade das, was der Sache den Kern, die Kraft und die Geisteswirkung nimmt. Das ganze Glaubensleben geht letztlich doch irgendwie durchs Gehirn. Dies gilt für jede Orthodoxie bis hin zur Gegenwart.

Wir haben heute zwei *Begriffe von Orthodoxie.* Einmal den allgemeinen, der die lehrmäßige Übereinstimmung mit der Bibel aussagt. Die zweite Bedeutung meint die „Nur-Orthodoxen", die zwar die richtige Lehre haben, aber nur als Begriff, als Buchstabe und nicht als lebendige Erfahrung. Sie sind überzeugt von der Richtigkeit aller biblischen Aussagen, auch der Evangeliumsbegriffe, aber sie sind im eigentlichen Sinne nicht bekehrt, nicht geistliche und wiedergeborene Menschen, sondern allgemeinkirchengläubig. Deren werden es zunehmend weniger, aber es gibt immer noch solche, die lehrmäßig richtig stehen — etwa in der Parallele zur katholischen Orthodoxie. Die katholische Kirche sagt ihren Kirchenmitgliedern: Wenn du von der Richtigkeit der kirchlichen Lehre überzeugt bist, bist du ein Christ, während wir sagen: Nein, es genügt noch nicht, von der Richtigkeit der Lehre überzeugt zu sein, sondern du darfst dir diese Begriffe, und was darin ist, persönlich in Glaubensgewißheit aneignen, dann bist du ein Christ. Dieses evangelische nur-orthodoxe Verhalten hat unter anderem seine Wurzel im altprotestantischen Lehr-Theologismus. Diese Linie der Orthodoxie, sei sie, wie sie will, ist die theologistische, die theologisch überzeugte, wo alles vom theologischen Gesichtspunkt her ausgelebt wird. Das ist ein Fremdleben. Das ist nicht jesusgemäß. Das ist nicht christlich. Das ist letztlich heidnisch, griechisch. Ich muß diese Unterschiede deutlich herausstellen, weil sie meist gar nicht gesehen werden und der Theologismus als selbstverständliche Voraussetzung hingenommen und ausgeübt wird.

In der theologistischen Linie liegt es auch, wenn *Calvin* die Lehre von der doppelten Prädestination dahin aufstellte, daß er kraft seiner theologischen Logik sagte: „Wenn Gott die Menschen zum Heil vorherbestimmt, gebietet diese Logik die Schlußfolgerung, daß er sie auch zur Verdammnis vorherbestimmt hat." Das war eine klare, theologistische Operation, die viel Streit hervorrief und die niemals christlich ist. So kann ein Jesusjünger nicht denken. Das ist griechisches Denken: „... dann erfordert es die Logik, daß er auch zur Verdammnis vorherbestimmt." Niemals bestimmt Gott Menschen zur Verdammnis! Es gibt zwar Stellen bei Paulus in Römer 9 und 11, die vielleicht in dieser Richtung verstanden werden können, aber selbst Paulus meint sie nicht so absolut und zugespitzt theologisch, wie dies Calvin tat, der vor einer Verbrennung des Trinitätsleugners Servet dann nicht mehr zurückschreckte.

Whitefield geriet später mit *Wesley* über die Prädestinationslehre in Streit bis zur Spaltung der Methodisten. Das ist nach meiner Meinung typisch logizistisch, d. h. übertriebene Logik. Alle Streitereien unter Gläubigen über diesen Punkt entspringen immer wieder diesem logischen Bedürfnis, das nicht christlich, sondern heidnisch-denkerisch-forschend ist. Man will hinter die Geheimnisse kommen und wissen, was nach dem Tode aus den Menschen wird. *„Es gebührt sich nicht"*, sagt der Herr (Apg. 1, 7), „zu wissen Zeit und Stunde" und alle diese Dinge. Das gehört sich nicht für uns Menschen, wenn wir Glaubende sind. Das ist ein Eingriff in die Herrschaftsrechte Gottes. Hierüber hat *er* zu verfügen, nicht der theologische Lehrer. Dieser möchte auch dies noch erklügeln und vielleicht noch Gott vorschreiben, wie er zu verfahren hat. Alle in diesen Fragen Andersdenkenden werden dann leicht als schlechte Christen abgewertet.

8. Der Pietismus

a) Die positive theologische Leistung des Pietismus.

Der Pietismus hatte sich bewußt von dieser Art theologischen Denkens freigekämpft. *Spener* (1635—1705) in Frankfurt hat ja in seinen „pia desideria" („frommen Anliegen") geradezu gefordert, daß das Leben der Theologen fromm sein müsse. Die praxis pietatis, das verwirklichte fromme Leben der Jesusjünger sei grundlegend für einen Christen. Die rechte Lehre allein sei dürr und dürftig. Damit hat er wie erwähnt den erbitterten Widerspruch der Orthodoxen hervorgerufen, mit denen er Zeit seines Lebens in Fehde lag. Hieran läßt sich ersehen, wie beharrlich eine solche theologistische Überfremdung Menschen prägen und bestimmen kann, und daß sie überhaupt kein Verständnis haben weder für das Anliegen noch für die Herrlichkeit echten Jesuslebens. Also Leute, die hüben und drüben auf Jesus schwören und die doch durch die Art ihres Denkens so weit voneinander entfernt sind. Hier hat Spener mit seiner praxis pietatis die Bresche geschlagen.

Auch *Francke* (1668—1727) hat die Bekehrung gepredigt und selbst ausgelebt. Wie alle Erweckungsbewegungen sind diese beiden Führer vom Theologismus mehr oder weniger losgekommen. Volkstümlich gesprochen: Das Herz hat wieder kommandiert, nicht der Kopf. Der Glaube rutschte wieder ins Herz, d. h. in die unmittelbare Erlebnissphäre, heraus aus dem begrifflichen Denken. Freilich war wohl Spener wie auch Francke herkommensmäßig stark theologisch geprägt, und erst *Zinzendorf* (1700—1760, S. 161 ff.) hat wohl dann diese echte, kindliche, in positivem Sinn „naive" (S. 144; 158; 168) und untheologistische Glaubensweise geschenkt bekommen. Diese hat er in seiner Gemeinschaft verwirklicht. Sie muß uns ein Vorbild sein, wenn wir von dieser Art falscher Lebensprägung loskommen wollen.

Der Ansatz von Spener und Francke hat sich theologiegeschichtlich als sehr fruchtbar erwiesen. Der *Pietismus* hat der Kirche und dem Reiche Gottes eine Reihe von großen Lehrern geschenkt, die vom lebendigen, wiedergeborenen Glaubensverhalten ausgehend Theologie trieben. Der Form nach war wohl vieles überlagert von der herkömmlichen Universitäts- und Pfarrersart. *Spener* hat offenbar mehr im pastoralen Alleingang seine Bibelstunden gehalten, und *Francke* war geneigt, die Art, wie er zu Jesus kam, zum seelsorgerlichen System zu erheben. Aber der Glaubensansatz war wiederentdeckt und von der lutherischen Rechtfertigung her gesehen als Wiedergeburt und Bekehrung bewußter, persönlicher und gemeinschaftsbildend geworden. Jesus war wieder in der Mitte, und das Leben mit ihm war aus der theoretischen Umklammerung befreit worden. Auch das Lehren konnte hieraus mit neuer Wendung geschehen.

Ohne Anspruch auf Vollständigkeit seien hier für Deutschland einige bedeutende Theologen der Vergangenheit genannt: *Bengel* († 1752), *Tholuck* († 1877), *J. T. Beck* († 1878), *Cremer* († 1903), *Kähler* († 1912), *Schaeder* († 1936), *Schlatter* († 1928), *Heim* († 1958). — Meist werden sie *„Biblizisten“* genannt. Worin liegt der Grund hierfür? Sie halten sich eng an das lebendige Verständnis der Bibel; diese ist ihnen maßgeblich. In den Augen anderer Menschen ist das schon eine zu große Einschränkung. Für diese sind sie eben nur „Biblizisten“. Aber dies ist ein Ehrenname; und sie haben ernsthafte theologische Arbeit betrieben.

b) Der spekulative theosophische Pietismus

Die eben Genannten haben sich bemüht, vom klaren biblischen Standpunkt aus theologisch zu arbeiten. Und ganze Generationen gläubiger einflußreicher Pfarrer sind aus ihrer Ausbildung hervorgegangen.

Es gab aber gerade auch in Württemberg Leute, die den spekulativen Hang hatten, also gerne nachdenklich bohrten und theologisch-theosophisch arbeiteten. Ich will einige nennen: *Oetinger* († 1782), *Michael Hahn* († 1819) und Nachfolger, etwa in Baden *Böhmerle* († 1927). Sie versuchten dem Geheimnis in der Bibel auf die Spur zu kommen, Gottes wunderbare Wege in der Führung der Geschichte nachzudenken und entdeckten „Äonen“, d. h. Zeitalter, bestimmte Haushaltungen. Sie haben über die Zeit vor Adam und Eva, über den Plan Gottes mit der

Welt nachgedacht, wie dies auf ganz andere Weise „die Bibelforscher“ (jetzt „Zeugen Jehovas“) tun. So wollte Michael Hahn (vgl. Hauß, Väter der Christenheit II 129) auf Grund seiner Spekulationen wissen, daß Gott ursprünglich nur *ein* Wesen geschaffen habe, das Mann und Frau zugleich gewesen sei. Das steht im Widerspruch zur Bibel. Auch habe der Sündenfall darin seinen Anfang genommen, daß in Adam beim Anblick der paarweisen Tiere das Begehren nach einer Gehilfin erregt und er demgemäß in zwei Personen geteilt worden sei. Aber der Sündenfall bestand in Ungehorsam, nicht in einem materiell Verschieden-Werden, wie es die Gnostiker und die griechischen Kirchenväter behaupteten, in deren Spuren im Grunde solche gnostischen Spekulationen gehen — „gnostisch“ im Sinne von Erkenntnisstreben.

In diesen Zusammenhang gehört auch die häufige Unterhaltung unter Gläubigen etwa über die Entrückung und über die letzten Dinge. Ein gewisser Drang befällt immer wieder nachdenkliche Menschen, aus der Bibel durch Zusammenziehen und Vergleichen der Stellen in die Zukunft blicken zu wollen, um zu wissen, ob die Entrückung vor oder nach der großen Trübsal stattfindet. Ich sage da: „Sie werden in den Himmel entrückt, weil sie nicht an die Front entrückt werden.“ Diese Entrückungsspekulation widerspricht dem biblischen Geist; das ist der rein griechische Forschergeist, das Denk- und Wissensbedürfnis. Hier wird neben einem echten, frommen Interesse doch auch Erkenntnis um der Erkenntnis willen betrieben und nicht Erkenntnis um des Dienstes willen. Die Erkenntnis großer, tiefer Zusammenhänge ist gewiß nötig. Sie ist uns aber um der Rettung der Menschen willen gegeben, an der Gott liegt. Wir sollen mit ihr nicht unsere Erkenntnisse vervollständigen und ein System aufbauen, wie dies alle „Griechen“ seit Origenes tun wollten. Hier liegt die entscheidende Grenze für diese Art von Verhalten, das vielleicht sehr fromm und christlich aussieht, aber hauptsächlich dem Denkbedürfnis des Menschen entspringt. Auch das ist Theologismus.

c) Der erweiterte Begriff von Pietismus

Wenn ich im Nachfolgenden von „Pietismus“ und „pietistisch“ rede, so meine ich damit nicht nur die betreffende geschichtliche

Erscheinung des 17. und 18. Jahrhunderts bis heute, sondern die damit verbundene Auffassung von Gott, Jesus und der Bibel, von Wiedergeburt und geistlichem Leben überhaupt. Dieses Verständnis hatten auch die aus dem ersten Pietismus hervorgegangenen geistlichen Nachfolgebewegungen bis zur Gegenwart, besonders die erwecklichen Bewegungen. Dies sind der Methodismus, die Erweckungsbewegung des 19. Jahrhunderts, die aus ihr damals hervorgehende Missions- und die Evangelisationsbewegung in der ganzen Welt, der Neupietismus, die Gruppenbewegung, die Kommunitäten (ev. Bruderschaften), die neuere Jugenderweckung, die Erweckungsbewegung in Finnland, Korea, Uganda und Indonesien.

Hier stellte sich das eigentliche geistliche Leben, das uns Christen verheißen ist, so recht deutlich heraus. Leider wurde aus diesem pneumatischen Ansatz und seiner Verwirklichung nicht immer die entsprechende Theologie geboren. Es fehlte für eine solche wohl häufig das Interesse oder die Sicht. Nach wie vor ist sie aber unsere Aufgabe, weil die Kirche nur aus ihren klassischen und nicht aus ihren depravierten (herabgedrückten) Zuständen erneuert werden kann. Hierzu ist das Erkennen des Wesentlichen und Unwesentlichen nötig, wie es die Theologie leistet.

Für diesen erweiterten Begriff von „Pietismus" ist bedeutsam, daß die hier aufgeführten und verwandten Bewegungen und Erscheinungen in ihrer Weise eine Entwicklung und Fortführung des pietistischen Anliegens persönlicher Heilserfahrung und Dienstes für Gott darstellen. Aus der Erfahrung der Arbeit und der göttlichen Leitung heraus kam man hier zu daseinsnahen und missionskräftigen Verwirklichungen mannigfacher Art, die alle in der gleichen Linie liegen und deshalb in Ermangelung eines sie alle umfassenden eigenen Begriffs auch „pietistisch" genannt werden. Neuerdings wird hierfür in ungefähr gleichem Sinne die Bezeichnung *„evangelikal"* gebraucht. Es ist für ihre theologische Bewertung aber wichtig, daß sie kirchengeschichtlich den Gestaltungen der Urgemeinde und den Grundlinien geistlichen Lebens am nächsten kommen. Sie sind sicher nicht fehlerlos und der Verbesserung bedürftig, stellen aber auf ihre Weise den Maßstab dar für das, was dem gegenüber gedanklich, theoretisch, schemenhaft, also Theologismus ist.

9. Der rationalistische Theologismus (18. u. 19. Jahrhundert)

a) Sein *Anliegen* ist es, das vernünftige Denken richtig — auch auf dem Gebiet des Glaubens — zum Zuge kommen zu lassen.

Es ist ja damals in der Entstehungszeit des Rationalismus durch ihn gerade in den Naturwissenschaften ein erheblicher Fortschritt in der Bewältigung der Welt erzielt worden. Und wie immer fiel man ins Extrem (S. 93), und hat in dieser in der wissenschaftlichen Denkweise neu entdeckten Kraft des Verstandes eine so große Sache gesehen, daß man sie verabsolutierte. Man meinte, nur die Vernunft kann uns überhaupt noch retten und alles erklären und sie bringt den menschlichen Fortschritt bis hin zu einer besseren Moral. Erst die Französische Revolution mußte zeigen, daß es von der Vernunft her mit der Moral und Liebe nicht so gut bestellt war. Die Romantik hat dann den Gegenstoß geführt, indem wieder das Gemüt zu seinem Recht kam und die bloße Vernünftigkeit, die allmählich den Leuten über wurde, durch etwas anderes ergänzt wurde, auch durch die Erweckungsbewegung zu Anfang des 19. Jahrhunderts.

b) Das *rationale theologische Denken* bestimmte in der Zeit der Verstandesgläubigkeit die evangelische und teilweise auch die katholische Kirche. Es wurde also theologistisch einseitig von der fremden Wurzel, von einem fremden und außerhalb der Bibel liegenden Ansatzpunkt her gedacht: Die Vernunft wurde der Maßstab des Glaubens. So hat man eine Naturreligion herausdestilliert, die angeblich allen anderen Glaubensarten zugrunde liege. Sie wurde auf die Formel „Gott, Tugend und Unsterblichkeit“ gebracht. Es sei der eigentliche Inhalt aller Religionen, daß es einen Gott gäbe, daß der Mensch sich moralisch verhalten müsse und daß nach seinem Tode ein anderes Leben auf ihn warte. Das ist eine sehr dürre Einschränkung. Jesus hatte hier schon gar keinen richtigen Platz mehr; Erlösung und Sünde auch nicht. So wurden alle die Dinge herausgestrichen, die für uns als Jünger Jesu entscheidend sind. Es fand, wie man sagt, eine Reduktion, eine Kürzung, eine Zurückführung auf eine kleine Anzahl von Denkgehalten statt. Wenn man die Lieder der rationalistischen Zeit liest — *Gellert* ist ja auch ein (wenn auch gläubiger) Vertreter des Rationalismus — so empfindet man die Trockenheit und Oberflächlichkeit dieser Denkweise.

Also wieder einmal Theologistik, d. h. von einem reichlich gottfernen Denken her wird einseitig die ganze Wirklichkeit bewältigt und verengt.

10. Der liberale Theologismus (19. und 20. Jahrhundert)

a) Sein Anliegen

Er wollte *das geschichtliche Denken* in die Theologie einführen. Und wir alle haben gerade seither in stärkerem Maße geschichtlich denken gelernt. Wir schildern etwa in Bibelstunden die Zeitverhältnisse, die zur Zeit Jesu herrschten, unterrichten die Hörer über die Pharisäer, über Herodes, über die Römer, über alle diese geschichtlichen Erscheinungen. Wir haben ja einen geschichtlichen Gott und einen in der Geschichte und nicht in der Phantasie verwurzelten Glauben. Vorher arbeitete die Theologie mehr dogmatisch, nach Lehrsätzen. Da die Heilsgeschichte einen echten geschichtlichen Aufbau enthält, ist es durchaus richtig, auch als Theologe geschichtlich zu denken, aber nicht *nur* geschichtlich. Darin lag dann wieder die Einseitigkeit.

b) Die Grenze, der Irrtum

Man dachte historistisch. „Historistisch" ist eine Bezeichnung dafür, daß der geschichtliche Blickpunkt verabsolutiert, übertrieben wurde. „Historie" heißt Geschichte. *„Historismus"* ist einseitige geschichtliche Betrachtung, nur-geschichtliche Betrachtung. Wenn Theologen nur geschichtlich denken, ist das wieder Theologismus. Man holte etwa aus der zeitgenössischen Religionsgeschichte alle möglichen Sagen von Göttersöhnen herbei und stellte sie in Parallele zur Jungfrauengeburt, die, obwohl etwas völlig anderes, dann auch nur eine antike Sage war. Oder man entdeckte auf Steintafeln aus dem alten Babylonien Parallelen zu den zehn Geboten und behauptete dann kühn, letztere seien von jenen abhängig. Diese historische Nivellierung der Bibel auf nur geschichtlicher Ebene schadet der zentralen Bedeutung dessen, was wir lieben und glauben, eminent; es gab im

Grunde nichts Oberflächlicheres und auch Herabsetzenderes und Unsachgemäßeres als die rein religionsgeschichtliche Betrachtung des Neuen Testamentes. Das wurde im Laufe der Zeit auch in etwa eingesehen; aber diese Dinge werden bis heute als große Weisheit schon vorausgesetzt.

Zum Historismus kam der *Kritizismus*. In ihm wurde die Kritik zum Kritizismus übertrieben und vereinseitigt. Das ist eine theologistische Art oder Unart bis heute. Vom Denken, vom autonomen Denken des Menschen her wird an den großen Erscheinungen der Bibel und der Kirchengeschichte Kritik geübt. Und man wird ihrer Größe mit diesem kritischen Abstandnehmen und Durchforschen häufig in keiner Form gerecht. Gewiß benötigen wir auch Kritik, um leben zu können. Wir können nicht unbesonnen allen Dingen einfach gläubig zum Opfer fallen. Man braucht Selbstkritik, man braucht klares Urteil. „Prüfet alles, und das Gute behaltet!“ läßt uns der Herr (1. Thess. 5, 21) durch Paulus sagen. Aber diese Art christliche Kritik ist wieder eine andere als jene unbewußt oft so anmaßende, autonome Kritik von der Vernunft her, die als „Kritischer Geist“ (S. 99) total unfähig macht, die eigentlichen Tiefen und Zusammenhänge der Erlösung und der biblischen Selbstenthüllung Gottes zu verstehen. Dieser Geist kann nicht einmal wirklich beten. Die grundsätzlich wissenschaftlich-kritische Haltung setzte sich damals auch der Bibel gegenüber durch und verwandelte sie in eine Sammlung loser Blätter. In der existentialistischen Theologie (S. 119 ff.) wurde das neu aufgenommen.

c) Die Toleranz

Dieser Liberalismus war tolerant. Er ließ jedem seine Meinung. Die liberalen Pfarrer meiner Jugend waren wohlmeinende, gutherzige, freundliche Erscheinungen. Meine Frau hat oft erzählt: Wenn sie den liberalen Geistlichen ihres Bezirkes sahen, liefen sie auf ihn zu und gaben ihm die Hand, um festzustellen, ob er wieder die ganze Straßenecke brauchte, um zu sagen: ‚Guten Tag, ihr lieben Kinderlein!‘ So machen es die Kleinen. Aber vielleicht empfanden auch sie eine gewisse Schwäche an dieser wohlmeinenden, nur humanen, oft leider oberflächlichen Art Christentum, wo die Tiefen der Sünde und der Erlösungsbedürftigkeit nicht gesehen wurden zugunsten einer Art Allerweltsglauben, der allen sein Recht ließ, auch den „Positiven".

11. Der dialektische Theologismus (Karl Barth)

a) Karl Barths (1880—1968) *Anliegen* war es, die unendliche Größe Gottes gegenüber aller banalen Anbiederung (Rationalismus, Liberalismus, nach dem frühen Barth auch Pietismus) herauszustellen und zu betonen: „Gott ist Gott und Mensch ist Mensch." — „Gott ist der ganz andere." — „Gott ist heilig und vom Menschen her unerreichbar."

b) Der *theologistische Ansatz:* Barth ist in erster Linie Professor, Lehrer, Kritiker von Ruf, einer der befähigsten Theologen, die je gelebt haben. Er hat ein monumentales Werk, seine „Kirchliche Dogmatik", geschrieben. Aber es fragt sich, ob sein Gottesverhältnis, das er diesem allem zugrundelegt, auch das biblische ist. Er nennt es dialektisch. *„Dialektisch"* ist eine Wahrheit, wenn sie nur in zwei gegensätzlichen Aussagen umrissen werden kann. Ich will das gleich verdeutlichen: Sein Gottesverhältnis hat „den fernen Gott und den nahen Gott", wobei — möchte ich äußern — der ferne Gott in der Tönung der Religiosität überwiegt. Es ist mehr ein alttestamentlich ehernes Gottesverhältnis und Gottesbild, mehr philosophisch reflektiert und nicht biblisch. Es entspricht nicht dem, was Jesus uns nahebrachte und von seinem Vater mitteilte. Man könnte also zugespitzt sagen: So sehr er den Gott der Bibel herausstellte, so wenig war wieder letztlich sein Gott der Gott der Bibel. Es war mehr ein philosophischer Gott, eben ein von diesem dialektischen Verhältnis bestimmter. Zwar scheint es so, als ob der lutherische Gott mit dem von Karl Barth übereinstimme. Luther hat ja das Wort „simul iustus et peccator", „zugleich gerecht und Sünder", zur Grundlage seiner Theologie gemacht. Das heißt nun aber nicht, daß uns deswegen Gott so unendlich ferne sei und bleibe, sondern er wird uns eben durch Jesus ein naher, liebender Vater — bei aller Größe. Hier liegt für uns wohl der entscheidende Punkt im Unterschied zur dialektischen Theologie. Diese Strenge und Herbheit, die von Gott redet und auch für Gott gelebt wird, ist irgendwie etwas anderes, irgendwie gedanklich-theologistisch ausgedacht und bestimmt. Von dieser Sicht ist das ganze System durchdrungen. Barth war ein eminent systematischer Geist und konnte diesen Ansatz bis hin in sein Alter durchführen. Hier wurde seine logizistische Strenge milder und den Tatsachen eher gerecht, aber sein Gegensatz zum Pietismus blieb bis zum Ende seines Lebens aufrechterhalten. Obwohl er einsah, daß diese Erscheinung eine andere Kritik von ihm verdient hatte, als der Liberalismus, ist doch sein Urteil geblieben, daß wir Pietisten uns zu sehr bei Gott anbiedern, ein zu vertrauliches Verhältnis zu ihm haben. Das kommt davon, daß sein eigenes Verhältnis eben nicht so nahe war, das heißt, nichtbiblisch war.

Als theologische Folge zeigte sich, daß die *orthodoxe, barthische* Richtung im Grunde, so sehr sie dem Liberalismus vorübergehend ein Ende bereitete, doch fern von dem biblischen Gottesverhältnis war. Es wiederholte sich das, was sich schon bei den alten lutherischen Orthodoxen ereignet hatte, daß diese neue Orthodoxie zum biblischen, pietistischen Christentum und etwa zu den erweckten Jugendkreisen in großem Gegensatz stand. Ein allzu einseitiger Objektivismus war wieder zur Orthodoxie geworden, die einem neuen Ansturm des kritischen Geistes, nun des existentialistischen, weithin erlag oder von ihm verdrängt wurde. Beide Theologien waren aus der gleichen Wurzel hervorgegangen: Außerbiblischer, philosophischer Ansatz, Relativierung der Bibel und Unverständnis für eigentliches geistliches Leben.

12. Der existentialistische Theologismus

a) Sein Anliegen

Er möchte den Glauben wieder mitten ins Leben, gerade in das heutige, neuzeitliche Leben stellen. Er ist missionarisch ausgerichtet. Er möchte dem modernen Menschen in seinen Anschauungen, in seiner Sprech- und Denkweise gerecht werden. Er hat das Bestreben, ihm die Bibel in ihrem Kern zugänglich und aneignungsfähig zu machen. Ferner möchte er allem Traditionalismus ein Ende bereiten, aller bloßen Überlieferung von Religion und Glaube, und das Heute und Hier zum Zuge kommen lassen. Er möchte also die Religion aktualisieren, den eigentlichen religiösen Akt im Verhältnis zu Gott, das echte, ausgelebte Gottesverhältnis herstellen. Das berührt sich mit dem Anliegen des Pietismus, indem auch wir nicht die Tradition anerkennen können, wenn sie nur Tradition bleibt, sondern sagen: Heute und hier mußt du Christ sein, darfst du Christ sein. Das betreffende Reden von der Entscheidung wird deshalb von pietistischen Gemeindegliedern oft im pietistischen, nicht im existentialistischen Sinne verstanden. Der Glaube, den wir haben, wird dann in diese Form hineingelegt, aber der gemeinte Inhalt ist eben völlig verschieden.

Allerdings muß man zugeben, daß viele Kritik, die von den „Modernisten“ am Kirchentum und auch am Pietismus geübt wird, zu Recht besteht. Sie gilt nämlich, soweit die Lehre — auch die positive Lehre — der Pfarrer orthodox und nicht wiedergeboren war und soweit das Leben der Gläubigen nicht dem jesusgemäßen Leben und einer wirklichen Hingabe entspricht, sondern mehr äußerlich christlich oder verweltlicht ist. Wir dürfen insofern in dieser theologistischen Richtung eine Kritik Gottes an uns selbst sehen und nicht einfach nur erklären: Sie ist falsch! Sie hat uns nichts zu sagen! Eine überzeugendere, unbürgerliche Nachfolge wäre Hilfe und Antwort für manche Aktualisten, die lebendiges Christsein „hier und heute“ sehen wollen (vgl. O. Riecker, „Herausforderung an die Gemeinde“ 1972).

b) Der Fehlansatz

Die hier vorliegende theologische Kritik geht jedoch nicht von der Bibel, von deren Verständnis durch den wiedergeborenen Menschen, sondern von einem philosophischen System, dem sogenannten *„Existentialismus“* aus. Der deutsche Philosoph *Heidegger* war für *Bultmann*, den Begründer dieser Schule, theologisch maßgeblich geworden, nachdem er mit seiner reinen Textkritik nicht weitergekommen war. 1941 hat Bultmann in einem Aufsatz sein sogenanntes „Entmythologisierungsprogramm“ verkündigt. Der philosophische Existentialismus löst den Menschen aus seinen geschichtlichen Bindungen und stellt ihn in das Erlebnis jetzt und hier. *Sartre* und die anderen Existentialisten sagen, auf eine einfache Formel gebracht: Du mußt deinen jetzigen Augenblick durchstehen, egal wie er ist. Beweise dich tapfer darin! Das ist im Grunde ihre ganze Philosophie. Der christliche Existentialismus sagt entsprechend, wieder etwas einfach formuliert: Erkenne dich in deiner Lage als von Gott geliebt, heute und hier, — das ist das sogenannte „Selbstverständnis" — dann stehst du im Christsein. Formal identisch mit dem Pietismus ist also das Anliegen: Die ganze Religion hat keinen Wert, wenn sie nicht heute und hier sich ausdrückt und verwirklicht. Aber die Andersartigkeit, das Unbiblische an diesem Ansatz ist dies, daß sich nun alle von einem Gott geliebt sehen sollen, der nicht der biblische ist, indem Bultmann, und so auch seine Nachfolger, die Lehre von Jesus *entmythologisieren.* Der entscheidende Punkt, daß Jesus der Retter der Menschen ist, daß am Kreuze eine Sühne für die Sünden geschah, daß dort sowohl die Bedekkung der Schuld als auch die Erlösung aus Fluch und Bann des Bösen geschehen ist, wird gerade in Abrede gestellt. Das wird als „Mythos" (Einkleidung einer Wahrheit in eine Geschichte) erklärt. Es wird reduziert, zurückgeführt — wie sie meinen — auf den „Kern", nämlich, daß Gott die Menschen liebt und daß dies Jesus am Kreuz unter Beweis gestellt hat. Er hat für diese Wahrheit dort als Märtyrer sogar sein Leben gelassen, ebenso wie wir uns Gott ausliefern sollen und er sein Ja zu uns hat. Es ist aber ein Ja ohne Bedeckung durch das Blut — im Grunde ein liberales Ja. So hat auch der alte Liberalismus argumentiert: „Gott ist doch die Liebe; er liebt jeden" — unter Ausschließung gerade des entscheidenden Sühnopfers Jesu. Mit diesem steht und fällt *wirklich* die Kirche wie unser ewiges Heil.

c) Reduzierung der Bibel

So ist die Reduzierung der Bibel auf das dem Verstand Zumutbare, also ein radikaler, rationaler Kritizismus, ein wesentliches Kennzeichen des christlichen Existentialismus. Diese Art Textkritik muß ja mit dem genannten theologischen Ansatz nicht notwendig verbunden sein, ermöglicht ihn aber biblisch-theologisch. Es gibt der ganzen Schule ihre Schärfe, daß von der Bibel nur eine Anzahl von in sich problematischen Teilstücken übrig bleiben. Wunder scheiden aus. Das Neue Testament wird zu einer sehr verschiedenartigen, gutgemeinten und frommen Übermalung der ersten Gemeinde über den kaum mehr auffindbaren wirklichen historischen Jesus. Jesus ist nicht leiblich, sondern in die Verkündigung seiner Lehre hinein auferstanden. So wird die liberale Textkritik hier radikal vollzogen.

d) Dieser Theologismus ist *aggressiv*, kirchenreformerisch und erobert bewußt den theologischen Raum der Kirche. Vielleicht übt er darin ein stilles Einverständnis bei der Besetzung der Lehrstühle aus und kompromittiert damit den von ihm verkündigten Pluralismus. An und für sich stellt der Pluralismus die verschiedenen theologischen Ansichten gleichberechtigt einander gegenüber. Da aber diese Anschauung ihre Aufgabe darin sieht, die Kirche auf ihren wirklichen Kern zurückzubringen und sie zu den modernen Menschen hinzuführen, bestreitet sie etwa die pietistische Schau radikal und bekämpft sie gerade in den eigenen Praktiken an den höheren Schulen und an der Universität. Deshalb wurde hiergegen Widerstand notwendig, der um der Kirche und um der Botschaft willen geleistet wird. Es handelt sich bei den Vertretern dieser Lehre um eine tragische Verkennung der Aufgabe der Theologie. Sie möchten ehrlich Gott und der Gegenwart dienen und zerstören im Grunde die Substanz, von der die Kirche lebt, in der Überzeugung, das sei richtig. Die Entmythologisierung trifft gerade nicht einen Mythos, sondern die Substanz der Kirche. Der „Mythos“ verwandelte sich inzwischen bei manchen Aktualisten in die ursprüngliche seligmachende Wahrheit oder in eine soziologische Weltverbesserung.

13. Der revolutionäre Theologismus

Eine jüngere Art des Theologismus ist die revolutionäre Schau des Christus. Es ist bedeutsam, daß sich die dogmatischen Sichten so schnell ablösen. Es ist ein Zeichen für ihre menschliche Herkunft. Gleichwohl bleiben sie aus Beharrungsvermögen oft lange bestehen.

Das *Anliegen* dieses Theologismus kommt wieder von außerhalb, diesmal nicht aus der Philosophie, sondern aus der soziologischen, gesellschaftlichen Lage. Dies ist in weiten Teilen der Welt wirklich unbefriedigend und bedarf der Verbesserung auch durch Mithilfe der Christen. Wenn dieses Anliegen zunächst wie üblich überbetont und in extremem Ausschlag vertreten wird, ist dies verständlich und kann sich regeln. Ganz anders sind aber die Folgen, wenn unter der Hand das Christusbild verändert und der Schwerpunkt des Tuns in das Soziale verschoben wird. Hier trifft dann das menschliche Gutdünken eine Auswahl aus dem Wort und Werk Jesu, schafft einen Jesus nach seinem Bild, der nicht der heilige Gottessohn, sondern ein Priester der Menschenrechte ist. Nicht mehr die Bekehrung, sondern die rechtliche und wirtschaftliche Verbesserung der Lage wird Mitte der Botschaft und des Handelns bis hin in die Mission. Gerade diese Verschiebung des Schwerpunkts aber, dieses Ersetzen der Mitte durch etwas anderes ist entscheidend. Das menschliche Handeln wird in diesem Falle zum Götzendienst und Jesus als Erlöser ausgestoßen. „Jeder Geist, der bekennt, daß Jesus Christus im Fleisch gekommen ist, der ist von Gott. Und jeder Geist, der Jesus nicht (so) kennt, ist nicht von Gott. Das ist der Geist des Antichrists“ (1. Joh. 4, 2 f.). Es geht um Jesu Würde als heiliges, letztes Anliegen, es ist ein Anliegen um des Anliegens willen, nicht aus dogmatisch-menschlichen Gründen. Das versteht der, der wiedergeboren und durch das Blut Jesu erlöst ist. Er möchte Jesus in Ewigkeit lieben. Er versteht auch, daß der „Widersacher“, der dämonische Geist dieser Welt, alles tut, um Jesus in seiner Würde in Frage zu stellen und — unter welchen Vorzeichen immer — aus der Mitte zu rücken. Hierum geht der Kampf der Theologie von jeher und wird immer neu darum gehen.

14. Der Sektentheologismus

Für das Sektendenken ist diese Schwerpunktverschiebung typisch. Die zentrale Stellung Jesu wird dort durch tausenderlei Zutaten und menschliche Bestimmungen ersetzt. Das rein menschliche Verhalten in seinen vielfältigen Erscheinungsformen tritt an die Stelle des erlösenden Handelns Jesu. Die Theologie des Gründers bestimmt Jesus den Platz.

So liegt auch der Sekten-Theologie ein *Theologismus* zugrunde. Eine einseitige theologische Sicht trifft in der Bibel eine Auswahl, trägt ihre Gedanken — gleich welche — an die biblischen Erscheinungen heran und vergewaltigt den Tatbestand zugunsten einer vorgefaßten Idee. Dies ist das Zeichen des Theologismus. Er ist ideologisch, er ist ideell, anstatt der Wirklichkeit, wie sie uns durch die Bibel erschlossen wird, gerecht zu werden. Das fängt an bei der Gnosis und bei Marcion (um 150 n. Chr.), der Jesus einen Scheinleib zuerteilte, das Alte Testament strich und das Neue Testament „paulinisch" verstümmelte, und endet sicher noch nicht bei den Zeugen Jehovas, die der Bibel ihre mehr alttestamentliche, einseitig gefärbte Schau überstülpen und bis zur Leugnung der heiligen Dreieinigkeit gehen.

15. Der pluralistische Theologismus

Der pluralistische Theologismus enthält als geschichtliches Spätprodukt viele Einzelzüge aus den bisher behandelten Theologismen. Er ist aber in der Intensität, in der Eindringlichkeit seines Auftretens, seiner Selbstbehauptung und Selbstdurchsetzung eine neuartige Erscheinung. Seinem Ursprung nach ist er das Kind aller rationalen Vereinseitigungen seit dem Griechentum, wenn er auch praktisch mit vielen christlichen oder christianisierten Inhalten aufgefüttert ist.

Der Pluralismus (Plural = Mehrzahl) erkennt allen Wahrheits- und Glaubensaussagen, gerade wenn sie verschieden sind, gleiches Recht zu. Jede Auffassung auf dem Glaubensgebiet und im kirchlichen Raum hat gleiches Existenzrecht und dieselbe Berechtigung, sich Gehör zu verschaffen. Nach dieser Anschauung haben z. B. die verschiedensten Auffassungen von der Auferstehung Jesu das Recht, nicht nur die Möglichkeit, nebeneinander zu stehen, um sich zu ergänzen und zu befruchten.

Die einzige absolute Wahrheit, die es hier gibt, ist die „Wahrheit", daß es viele „Wahrheiten" gibt. Diese „Wahrheit" wird allen anderen vorgegeben und vorangestellt. Es handelt sich um eine Gesamthaltung, um einen Entschluß, so zu handeln, also um einen echten Theologismus. Nicht der inhaltliche Vergleich verschiedener Gedanken und Lehren auf ihr Recht hin, zugleich zu bestehen, ist pluralistisches Denken, sondern die grundsätzliche Bereitschaft zur Vielstimmigkeit und zur energischen Durchsetzung dieser Sicht in der Praxis.

Diese relativierende Anschauung, die keinen absoluten Satz über Wahrheit zuläßt, ist die des alten Menschen, des unwiedergeborenen Denkers, dem sich Jesus als die letzte, eine, ganze Wahrheit noch nicht offenbaren konnte. Ihm ist Jesus letztlich doch nur ein Begriff und eine Lehre, eine fromm oder unfromm verehrte Figur der Vergangenheit. Deshalb kann es über diesen Jesus auch verschiedene Anschauungen geben, die man als gleichberechtigt anerkennt.

Diese Jesusauffassungen sind alle in gleicher Weise ungesichert und damit ohne wirkliche Gewißheit für einen solchen Theologen, ohne letzten persönlichen Eindruck, ohne volle Glaubenszugehörigkeit und Hineinnahme in den Herrn als geistliche Person. Der Mangel an Heilsgewißheit zeigt sich hier als Mangel an Glaubensgewißheit.

„Was ist Wahrheit?“ sagt (Joh. 18, 38) der Skeptiker und Sündenmensch Pilatus zu dem, der ihm antwortet: „Ich bin die Wahrheit!“ Diese Auffassung, die der philosophischen Frage nach der Wahrheit zu Grunde liegt, wiederholt sich bis heute, wenn das Existieren einer einzigen, letzten und persönlichen Wahrheit für unmöglich gehalten wird. Und sie wiederholt sich, wenn die Möglichkeit einer absoluten Wahrheit geleugnet und diese zu verschiedenen „Wahrheiten“ relativiert und eingeebnet wird.

Das praktische *Anliegen* des Pluralismus ist die Abwehr jeglicher *Intoleranz,* aller Unduldsamkeit und jeder falschen Abwertung und Aburteilung anderer Standpunkte.

In diesem Anliegen kann er sich auf *die Praxis der Volkskirche* berufen. Besonders auf evangelischer Seite liegen zwar die in ihrem Inhalt nicht umdeutbaren reformatorischen Bekenntnisse der Kirche zu Grunde, aber empirisch, d. h. erfahrungs- und wirklichkeitsgemäß, wird mehreren Lehrrichtungen notgedrungen oder bewußt Raum gelassen.

Die *Annäherung der Konfessionen* und damit sehr verschiedener christlicher Ausprägungen ist ein elementarer Vorgang. Er wird von vielen nach so langer und entschiedener Distanz und immer neuen Bemühungen zur Abgrenzung als höchst erwünscht begrüßt und vollzogen.

Verständlich ist das, wenn man bedenkt, wie oft im Namen von Entschiedenheit und Klarheit *gegen Liebe und Duldsamkeit verstoßen* worden ist. Es scheint also Anlaß genug dazu zu geben, sich nun anders zu verhalten und die verschiedensten christlichen Formen und Glaubensinhalte zusammenzubringen.

Also zugegeben, die Christen als Vertreter nur einer Wahrheit sind oft sehr dürftige Erscheinungen und haben im Verlauf ihrer Geschichte viel falsch gemacht und mannigfach auf dem Weg der Durchsetzung ihres Absolutheitsanspruches gesündigt. Das alles ändert aber nichts an der biblischen Berechtigung dieses christlichen Anspruchs. Immer geht es nur um die eine biblische Wahrheit und Wirklichkeit, und die heißt: Jesus der *eine* Sohn, als Sühnopfer für unsere Sünden dargebracht und uns mit seinem Geiste leitend.

Diese eine Wahrheit und Lebenswirklichkeit, aus welcher der einzelne und die Gemeinde geistlich existieren, ist eine ausschließliche, absolute und lebenbedingende Wahrheit und Wirklichkeit. Mögen auch neben ihr noch andere Sichten von Jesus eine gewisse Koexistenz führen und praktisch anerkannt werden, so kann doch dieser Koexistenz niemals ein grundsätzliches Recht zuerkannt werden, ohne uns an der göttlichen Wahrheit zu versündigen und der Kirche und Mission ihren Grund und Auftrag zu nehmen. Die Bibel, die Urkirche, die Reformation und die Glaubensgemeinde bis heute wissen um diese eine Wahrheit.

Hier ist nicht die Frage nach *Toleranz und Intoleranz* zu stellen, sondern die Frage nach dem *Heil des Menschen.* Wird aber die Frage nach der Toleranz und nach der Menschlichkeit des Menschen wichtiger als die Frage nach seinem Heil, entsteht die Tendenz zu verschwommenen Fronten, welche die Zersetzung von Glaubensinhalten und eine falsche und gefährliche „Offenheit gegen die Welt“ zur Folge hat. An die Stelle des Dienstes der Liebe in der Welt tritt das Bestreben zur Weltgleichheit, die zur Weltverfallenheit führt. Es entstehen alle nur möglichen Richtungen und Denkweisen in Kirche und Ökumene. Durch Politisierung und Humanisierung wird das Evangelium verstellt und entstellt.

Diese Strömungen, Denk- und Verhaltensweisen entstanden jedoch nicht direkt durch Verflachung und Verführung innerhalb der christlichen Botschaft. Vielmehr kommt dieses Gedankengut von außen an die christliche Botschaft heran, nachdem sie verflacht war und der eigene Zersetzungsprozeß begonnen hatte. Befassen sich die früheren Theologismen mehr mit Lehrfragen und rein philosophisch-theologischen Denkmodellen, so geht es hier eher um Zugeständnisse und Verschiebungen des Schwergewichtes unter dem Einfluß des praktischen Lebensvollzuges unserer Zeit. Theologisch gesprochen bedeutet das: Eine allgemeine, durch die Situation veränderte Ethik bestimmt nun die christliche Dogmatik. Die Ethik ist nicht mehr die konsequente Folge der Dogmatik, sondern die Dogmatik paßt sich ethischen „Notwendigkeiten" der jeweiligen Zeitströmung an. Immer ist es ein Zeichen bedenklicher Zerfallserscheinungen, wenn das Evangelium, die Person Jesu, aus der Mitte rückt und etwas anderes, mag es noch so nützlich und scheinbar notwendig sein, etwa ähnlich wie der revolutionäre Theologismus (S. 129) die Hilfe an den Nöten der Welt und die entsprechende Gesinnung, an seine Stelle tritt, ebenso die Forderung und das Dogma absoluter Toleranz und totaler Gleichberechtigung verschiedener Meinungen und Glaubensaussagen. Die Folgen dieser zerstörerischen Prozesse haben sich bereits eingestellt. Nur wenig ist im Bewußtsein unserer Gesellschaft von dem noch wach und klar, was ein wirklicher Christ ist. Und wer noch wirklich Christ ist, fühlt sich in seinem Christsein angegriffen und bedroht nicht durch den Atheismus zuerst, sondern am stärksten durch seine eigene Kirche und ihren pluralistischen Theologismus.

An und für sich ist es gewiß notwendig, den von Christus ausgehenden Anstoß stets neu und hilfreich in die Gegenwart zu übertragen. Falsche Traditionsgebundenheit aus Bequemlichkeit und Mangel an Heiligem Geist hat dem oft im Wege gestanden. Aber diese echte „Zeitgemäßheit" (vgl. „Herausforderung an die Gemeinde" S. 140 ff.) ist eine andere als die, welche den Kern und die Substanz der Botschaft angreift und sie unter den mannigfachen Vorzeichen des Pluralismus dem Geist der Zeit angleicht, sie relativiert und humanisiert.

Die Intensität und Heftigkeit des Anspruchs auf Gleichberechtigung unterscheidet den heutigen Pluralismus vom alten Liberalismus. Dieser übte aus rationalen Gründen Toleranz, der heutige Pluralismus dagegen hat einen eigenen, stark weltanschaulichen Impuls. Alles, was sich christlich nennt und äußert, soll prinzipiell gleichberechtigt sein.

Der pluralistische Theologismus mit seiner grundsätzlichen Offenheit und dem Postulat zu absoluter Toleranz kann zum endzeitlichen Einfallstor fremdester Meinungen und Richtungen unter den Christen werden. Die beängstigende Verschwommenheit der Lehre und der Praxis im Ökumenismus mit seinen fragwürdigen Erscheinungen und Entscheidungen betrachten viele heute schon als Wegzeichen dahin. In ihm weitet sich das Verlangen nach totaler Gleichberechtigung über den Raum des Christentums hinaus zur Offenheit und Toleranz anderen Religionen und Weltanschauungen gegenüber weiter aus.

So zeigt sich im pluralistischen Theologismus eine überzeugte und durch Weltanschauungen und den Geist der Zeit geprägte Preisgabe absoluter Gültigkeit von Wahrheiten nach allen Richtungen hin. Auf die Dauer hin mag die Preisgabe des Absolutheitsanspruches des Christentums noch tödlicher wirken als die innere Zersetzung von Kirche, Mission und Ökumene durch Theologismus, Lehrstreitigkeiten und alte und neue liberale Theologie.

Wenn (soweit) die Gewißheit stirbt, stirbt die Kirche. Jesus aber lebt und bringt die Botschaft in Vollmacht und Gewißheit an immer neue Generationen.

VI. Zusammenfassung

Ich habe nach einigem Grundsätzlichen auch an den geschichtlichen Vorgängen das Wesen des Theologismus klarzustellen versucht. Hierbei zeigte sich zugleich, wo in der Geschichte der

Theologie vielfach der Fehlansatz liegt. Zusammenfassend läßt sich nun folgendes sagen:

1. Theologismus als Gesamthaltung

Der Theologismus ist eine *Grundhaltung* dem Leben und der Bibel gegenüber. — Wir betreiben also hier ein Stück christliche Verhaltensforschung. — Er ist demnach nicht so sehr mit einer einzelnen Aussage theologisch-inhaltlicher Art zu umreißen, sondern es handelt sich hier um eine in weiterem Sinn „idealistische": Eine vom Menschen ausgehende und produzierte Gedankenarbeit wird zum Maßstab aller Beurteilung. Das theologische Interesse herrscht vor, ergreift auch das geistige Steuer in der Kirche und überwiegt besonders gegenüber dem Frömmigkeitsleben (S. 180 ff.). Die eigentliche Kraft der Kirche liegt aber im Frömmigkeitsleben: Wie ich zu Gott heute und hier persönlich stehe, was er mit mir durch seine Führung macht, wie ich mich ihm gegenüber verhalte — das ist doch Religion im eigentlichen Sinne des Wortes. Ich möchte hier „Religion" als religiöses Verhalten (auch der Christen) nehmen in seiner Eigenart etwa gegenüber dem künstlerischen oder literarischen.

Das literarische Interesse ist durchaus nicht ein primär religiöses, wird aber bei der entsprechenden Einstellung oft zum ersten Anliegen. Der Mann am Schreibtisch, der Gelehrte mit seinen Gedanken ist typisch für diese theologistische Haltung, nicht der Seelenretter an der Front und nicht der betende, glaubende Mensch — der auch Schreibtischarbeit tun kann —. Hier handelt es sich um sehr große Schwerpunktverlagerungen: Das Frömmigkeitsleben ist in den Augen eines theologistisch orientierten Mannes eine Sache zweiten Ranges. Schon *Origenes* hat ja (S. 96 f.) gemeint: Der gewöhnliche, „nur" an die Erlösung durch das Kreuz glaubende Mensch sei eben minderwertig gegenüber dem die „hohen Erkenntnisse" aus sich heraussaugenden großen Gelehrten und Denker. Das schlichte Glauben gilt als rückständig, als Gemeindeglauben, Gemeindefrömmigkeit. Es ist ja auch heute die große Not mancher „modernistischen" Theologen, daß die *Gemeindefrömmigkeit* so hartnäckig am überlieferten Jesusbild festhält. Sie weiß warum. Aber sie gilt eben dann als mythologisch verseucht und nicht vom modernen Denken erreicht. Es gibt nun bei uns zweierlei Tradition (S. 151): Eine echte, biblische und eine falsche, bloß formale. Solche Theologisten nehmen nun das, was die Kirche als teures Gut echt überliefert hat, als pure, formale Tradition, die dringend der Veränderung bedarf.

2. Der ideologische Wahn

Dieser Ausdruck bot sich mir für eine Tatsache, die schwer zu umreißen ist und der ich doch überall begegne. Es ist die starke Vorliebe für das rein Gedankliche (S. 83 f.). Man meint, wenn eine Wahrheit richtig ausgedrückt ist, sei schon die Hauptsache geschehen, das sei sogar wichtiger als die Tat und die Praxis. Wir sind damit eigentlich auf den Spuren *Platos,* der die Ideen (S. 107) für wichtiger hielt als das reale Leben. Sie waren die eigentlichen wesenhaften, alles bestimmenden Größen. Dies war ein ebenso großer Irrtum wie die Meinung, wenn wir eine Stunde lang über die Wahrheit nach der Art der griechischen Akademie diskutiert haben, sei schon die Hauptsache geschehen. Dabei können wir richtig nur diskutieren, um zum Handeln zu kommen. Nicht die Wahrheit zu suchen ist unser Ziel, sondern die Wahrheit zu *tun,* ist das Eigentliche, wie Jesus (Joh. 3, 21) sagt. Die biblische Wahrheitsauffassung steht also im stärksten Gegensatz zu der ideologisch ausgerichteten Wahrheitsfindung.

Dies zeigt sich etwa darin, daß wir das *Referatewesen* oder -unwesen haben. Auch Christen können ohne langatmige Vorträge kaum auskommen. Diese haben meist auch noch das „Vollständigkeitsbedürfnis" in sich und werden deshalb oft so ausführlich, daß zu einer Besprechung, zu einem brüderlichen Austausch dann nicht mehr der Platz bleibt — auch wenn dies im Programm vorgesehen ist. Also scheinen wir immer wieder neu in dem Zwang zur Darbietung von Wahrheiten zu leben, anstatt sie zu tun. In diesem Aberglauben an das entscheidende Gewicht von ausgesprochenen gedanklichen Feststellungen, in Verwechslung mit der Wirklichkeit, ist dies jedoch eine Flucht in ein Scheinreich. Deshalb dränge ich in den kirchlichen und brüderlichen Gremien häufig darauf: Was machen wir nun? Was soll nun geschehen? Kommt doch einmal herunter von euren grundsätzlichen Überlegungen! Immer wieder wird grundsätzlich gearbeitet und oft wenig oder gar nichts getan. Das steckt tief drinnen.

Wir wissen, daß die wahren Schlachten im Reich Gottes im *Gebet* geschlagen werden. Deshalb ist es so wichtig, daß Reden und Diskussionen mit einer Gebetsgemeinschaft beginnen. Die Atmosphäre wird dadurch ent-ideologisiert. Die Göttin der Vernunft samt allen ihren Dämonen verläßt dann den Raum, und der Herr kann zu seinem Recht kommen und nahetreten. Welch eine Stille, wo vorher ein solcher (geistlicher) Lärm in der Luft war! Daß dann nur nicht das nächste Referat ihn wiederbringe und die bedrückende, dämonisierte, intellektuelle Sicht wieder alles überlagere! Nur was aus dem Geist gesprochen ist, verjagt die Dämonen. Die Diskussionswut ist häufig nur eine Art Lärm der unsichtbaren Geister. Auch Referate sollten vom Gebet getragen sein, um diese Raumerfüllung zu vermeiden oder abzuwehren.

3. Der alles beherrschende Menschengeist

Wir sahen: Die wissenschaftliche Arbeit ist das Bemühen um geistige Bewältigung ganz gleich welcher Sachverhalte. Die Dinge sollen in ihrem Tatbestand und Zusammenhang geklärt, weiter entwickelt und fortgeführt werden. Diese Methode ist an sich weder gut noch böse. Sie kann von Gott her benutzt werden. Es kann aber auch von den persönlichen Voraussetzungen und Überzeugungen des Wissenschaftlers her nicht nur die Methode, sondern auch der Inhalt bestimmt werden. Dann ist die sogenannte wissenschaftliche Haltung der Maßstab auch dafür, was aus der biblischen Wahrheit wird, was die Wissenschaft von ihr anerkennen kann und was nicht. Der Stoff wird nach eigenen Grundlinien verändert. In diesem Fall setzt sich der Menschengeist absolut. Das autonome Denken ist einziger Maßstab und nicht das Wort Gottes.

4. Die zur Lehre erstarrten Glaubensinhalte

Ein entscheidender Wechsel vollzieht sich oft unter der Hand: Er kommt aus dem ideologischen Wahn, daß wir eine Gedankenäußerung schon für Wirklichkeit halten, — wenn wir von etwas sprechen und dann meinen, damit sei das Maßgebliche schon geschehen. Dann rutscht irgendein Sachverhalt nur in das Gedankliche hinein, ins Lehrmäßige und ins philosophisch Umrissene. Damit ist aber der Charakter des Ganzen grundlegend aus dem Religiösen ins Theologisch-Ideelle verändert, wie etwa bei der Orthodoxie. Erst der Pietismus hat hier wieder den Unterschied zwischen Begrifflichkeit und Erlebtem sehen gelehrt. Und wir bleiben dabei, daß der Glaube ein heute und hier vollzogenes Ereignis, ein Erlebnis, ein echtes Verhalten und keine lehrmäßige Begrifflichkeit ist.

J. Die Folgen des Theologismus

I. Die Folgen für die Einzelpersönlichkeit

1. Die gescheite statt der frommen Grundhaltung wird persönlichkeitsbestimmend.

Hier kommt es darauf an, was uns als handelnde Christen bestimmt: Ob wir aus dem Glauben, aus der Frömmigkeit, aus der Gottverbundenheit heraus handeln und theologisch arbeiten, oder ob der Ansatzpunkt die Klugheit, das hervorragende intellektuelle Überlegen, das Wissen und damit letzten Endes die Philosophie ist. Dieses Gesamtverhalten dem Leben gegenüber ist rein philosophischer Art. Man versucht, alle Sachverhalte allein vom Denken her zu verarbeiten. Für die Kirche und für die kirchlichen Lehrer (S. 190 ff.) ist entscheidend, ob sie fromme oder nur gescheite, ob sie geistliche oder nur geistige Leute sind.

2. Die Überbewertung der Gescheitheit bei Lehrern

Sie bestimmt als primärer Wert vielfach die Auswahl der theologischen Lehrer an Universitäten, Akademien, höheren Schulen und Ausbildungsstätten.

An allen solchen Stellen zur beruflichen Vorbildung braucht man Lehrer, auch geistig befähigte Lehrer. Lehren erfordert eine gewisse geistige Qualität. Aber wenn nun auf dem Glaubensgebiet diese geistige Befähigung zum Merkmal dafür gemacht wird, wer nun lehren soll, ist das nicht christlich, das ist heidnisch, philosophisch. Wer Christen unterrichtet, muß vor allen Dingen selbst gläubig, wiedergeboren, erleuchtet, von Gott beauftragt sein. Kommt dann eine geistige Befähigung dazu, so ist das eine wichtige Bereicherung, aber nicht die wichtigste Voraussetzung für den Lehrerdienst. Jedoch dürfen geistliche und geistige Gaben nicht gegeneinander ausgespielt werden. Es wäre ganz falsch zu sagen: „Es reicht, wenn man als Lehrer nur fromm ist!“

Lehrer brauchen eben auch eine geistige Befähigung. Man kann aber auch nicht sagen: „Wenn man nur geistig befähigt ist, — die Frömmigkeit ist Nebensache.“ Ja, man geht in dieser Linie oft sogar so weit, daß hinsichtlich der Aufgabe der Theologie geäußert wird (S. 73; 76 f.): „Die eigentlichen Frömmigkeitsdinge sind persönliche Überzeugung der Lehrer und der Studenten; wenn wir wissenschaftlich arbeiten, können wir nur das historisch-wissenschaftlich Erfaßbare bringen und schließen den Glauben aus.“ Welch ein Widersinn, wenn in einer christlichen Lehrtätigkeit der Glaube ausgeschlossen wird! Man sieht, wie weit diese Haltung den Kern verfehlt und ihn entmächtigt. Wie will man dann noch das Eigentliche lehren? Man wird nur mehr oder weniger bei Randerscheinungen bleiben. So ist diese auf das Denken ausgerichtete Gesamthaltung im Abendland eine wirkliche Hemmung für den Fortgang des Reiches Gottes, und dabei sollte doch die Lehrtätigkeit dem Fortschritt des Reiches Gottes dienen. Gott wird uns einmal danach fragen, wie weit wir diesem echten Fortschritt des Reiches Gottes gedient haben, oder ob wir nur bei wissenschaftlicher Forschung und Gelehrsamkeit geblieben sind. Diese Dinge müssen einmal in Antithese, in Gegensatz gebracht werden, weil sie meist naiv vermischt und in eins gesetzt werden.

3. Die anmaßende Gescheitheit als Ergebnis dieser geistigen Hochzüchtung

Wer aus dem Heiligen Geist heraus die Bibel hoch ehrt, bekommt göttliche Erleuchtung in einem echten Verständnis. Die Anerkennung der Bibel als alleinige Richtschnur und tatsächliches Wort Gottes ermöglicht auch ein wissenschaftlich adäquates Verstehen (S. 81; 87), d. h. ein Verstehen, das der Würde und einzigartigen Herrlichkeit dieser Schrift gerecht wird und ihr damit auch sachlich ganz entspricht. Man kann oft entsetzt sein über die Art und Weise, wie mit der Heiligen Schrift umgegangen wird. Die einen handeln so in naiver Harmlosigkeit und wissen wirklich nicht, was sie tun, die anderen handeln in bewußter Überlegenheit, d. h. Überhebung über den Text, der ihnen als Offenbarung Gottes vorgegeben ist. Gott allein kennt die Schuld, die sich die Menschen dabei aufladen. Wo kommt das alles her? Eben davon, daß wir den Menschengeist allein als Maßstab nehmen, seine eigene Meinung, auch einen gewissen frommen Menschengeist — aber eben doch den Menschengeist. Gerade bei unbekehrten Lehrern ist es meist der Fall, daß sie hier keine feste Grenze kennen, auch keine Schau haben von der Majestät der göttlichen Dinge und von der Nichtigkeit der menschlichen Meinung darüber. Hier trifft wieder das Wort des Paulus (Röm. 1, 22) in seiner ganzen Tiefe zu (S. 91): „Als sie sich für weise hielten, sind sie zu Toren, zu Irrenden geworden." Den Theologismus der jüdischen Schriftgelehrten sieht er in der gleichen Linie (1. Kor. 2, 8), die in blinden Voraussetzungen menschlicher Art den Heiland nicht erkannten. Das ist die größte Torheit, wenn man den Dingen nicht gerecht wird und genau daneben schießt. Das kann sehr klug sein, es ist aber trotzdem Torheit und wird vor Gott einmal verantwortet werden müssen.

II. Die Folgen für Theologie und Kirche

Aus dem konsequenten Theologismus folgt die Entartung der Theologie bis zur Dienstunfähigkeit und Selbstauflösung.

1. Entartung der Theologie

Die heutige theologische Misere, die nun schon chronisch und schleichend geworden ist und doch ein Kirchenunglück größten Ausmaßes darstellt, ist ein Endergebnis. Sie ist ein Endgericht Gottes über die benannte abendländische einseitige theologistische Einstellung, die er hier ad absurdum führt (S. 70 f.; 78; 82 ff.). Er läßt es zu, daß sie es in ihrer eigenen Konsequenz so weit treibt, daß sie in sich selbst lächerlich und lebensunfähig wird, sich selbst auflöst und ihren Dienst nicht mehr tun kann. Gerade diese Konsequenzen bei wohlmeinenden, aufrichtig arbeitenden Theologen haben mich zur Einsicht über die Tragweite des theologistischen Verhaltens geführt. Wir müssen den theologischen Lehrern, gleich welcher Art, zubilligen, daß sie subjektiv ehrlich denken. Wenn wirklich bei gutmeinenden Menschen diese Ergebnisse zustandekommen, muß, außer durch persönliche Gründe (S. 28 f.; 37 ff.) auch etwas im Ansatz grundverkehrt sein. Die Ursache für ihre Geisteshaltung liegt in der jahrhundertealten geisteswissenschaftlichen Tradition, aus der wir uns noch nicht haben lösen können. Wir müssen uns aber von ihr durch Jesus Christus entschieden frei machen lassen (S. 143 ff.).

2. Selbstauflösung

Die Selbstauflösung der Theologie geschieht, indem sie ihre eigene Substanz so zersetzt, daß auch nach außen hin die Kirche fragwürdig wird. Wenn die Theologie ihren heilsmäßigen Grundansatz in solcher Weise in Frage stellt, ist damit auch die Existenz der Kirche gefährdet. Hier wird zum ersten Mal in der Geschichte die Theologie für die Kirche lebensbedrohend. Jede Kirche lebt von der Gläubigkeit ihrer Glieder, von der Hingabe an Gott und von dem geoffenbarten, herrlichen Wort Gottes. Wenn dieses Göttlich-Entscheidende mehr oder weniger zum Mythos erklärt wird, wird die Theologie schließlich atheistisch mit christlichen Inhalten.

3. Dienstunfähigkeit

So werden auch die Pfarrer dienstunfähig, die aus einer solchen Belehrung hervorgehen. Viele Theologiestudenten wenden sich deshalb, schon bevor sie ihr Studium beenden, andern Fächern zu, weil sie merken, daß sie mit einer solchen Ausrüstung keine Gemeinde führen, keinen Menschen am Krankenlager trösten und niemanden beerdigen können. Mit dem vollen Zweifel, mit der totalen Kritik im Herzen kann man nicht predigen. So hat sich eine solche Theologie selbst aufgehoben, indem sie ihren eigentlichen Zweck verfehlt, denn an sich soll doch an den Universitäten die Belehrung dazu dienen, sachkundige Vertreter der göttlichen Glaubenswelt hervorzubringen. Und wenn wir solche Pfarrer bekommen, die in der Substanz geknickt sind, die eigentlich mehr oder weniger nur kritisch ihre Aufgabe erfüllen, ist damit auch die Kirche in ihrer Existenz stärker gefährdet als zur Zeit des Liberalismus, weil diese Lehre „missionarisch" vorgeht und die Kirche nach der eigenen Anschauung hin (S. 122 f.); bewußt verändert. Die Trockenheit der Gottesdienste und des Frömmigkeitslebens bis hin zur Gebetslosigkeit mordet die Kirche. Die Leute verlassen einen solchen Gottesdienst. Es braucht dann nur noch der finanzielle Unterbau der Kirchensteuer wegzufallen, um eine in ihren Grundlagen erschütterte Kirche in einer vollen Krise zurückzulassen. Aber die Erschütterung der Fundamente kommt von der Veränderung des Glaubens her, vom theologistischen Wahn, der sich hier mit Zerstörung ausbreitet. Allzu spät werden dann die, die es angeht, erkennen, was sie angerichtet haben. Eine solche Kirche kann sich auch kaum in einer Überflutung durch fremde Weltanschauungen — etwa durch den Kommunismus — durchhalten, wenn die ganze hochaufgeklärte Überlegungs-Theologie in Nichts zerfällt, wie eine Seifenblase.

Von dieser Auflösung der Substanz her ergibt sich für die Studenten von selbst die *Abwanderung nach den geistigen Außenbezirken,* so daß sie sich nun mit den rein weltlichen, soziologischen, politischen Inhalten befassen. Eine ins Humane verkehrte Soteriologie (Heilslehre) wird dann humanistisch tätig werden, die Sünder nicht mehr zu Jesus dem Retter führen, sondern Umstände verändern. Das geht bis in die Mission und Ökumene hinein. Die Krise dieser beiden nun vereinigten Tätigkeiten ist schon in vollem Gang, indem auch hier weithin Christlichkeiten gelehrt und die Umstände verbessert und nicht mehr Seelen gerettet werden.

Der Einspruch der Frankfurter Erklärung wie auch der Widerstand der Bekenntnisbewegung hat bis zur Stunde soweit Erfolg gehabt, daß sich diese Dinge noch in der Schwebe befinden und die Möglichkeit vielleicht noch besteht, zum Ursprung, zum eigentlichen Auftrag der Kirche und der Mission zurückzukehren. Oder ist es schon zu spät? Einsprüche in Gottes Auftrag können eine helfende Wirkung haben. Aber die Neigung nach außen und vom biblischen Jesus weg ist unzweifelhaft vorhanden und wird immer stärker.

III. Die Folgen des Theologismus für erweckte Kreise

1. Die Hemmung der Erwecklichkeit

a) Gedanklichkeit des religiösen Empfindens und erwecklicher Impuls.

Beide sind nicht vereinbar. Es ist schon notwendig, daß die heute immer neu entstehenden erwecklichen Kreise gerade in der Jugend auch theologische Führung und Beratung haben. In der komplizierten, dämonisierten Umwelt benötigen die Menschen mehr denn je Überblick und Durchblick. Aber wir haben schon die Erfahrung gemacht, und hier ist Klärung und bessere Gestaltung notwendig, daß diese jung erweckten Kreise an ihren Pfarrern, auch an den gläubigen Pfarrern, oft nicht die richtigen Führer fanden. Dies kommt großenteils von der theologistischen Prägung her, die die Genannten von der Universität mitgebracht haben. Diese ganze Wissenschaftlichkeit des Denkens als Lebensprägung ist ein Hindernis, erweckte Kreise zu führen. Wir Pfarrer sind durch unsere Vorbildung so sehr daran gewöhnt, die Probleme zu sehen und theologisch-wissenschaftliche Gedankengänge auch in die Praxis mit hinein zu nehmen, daß wir der Situation in einem neuerweckten Kreis leicht nicht gerecht werden können. Nach wie vor werden dann auch in der Jugendarbeit irgendwelche theologischen Probleme und Sachgebiete biblisch-historischer Art durchgepaukt, anstatt die innere Lage der Neuerweckten zu erfassen und ihre Erfahrungen mit ihnen zu teilen.

Man kann letzteres eigentlich nicht tun, ohne mit der eigenen Person im erweckten Impuls zu stehen und ohne selbst an dieser, im guten Sinn echten Erwecktheit und Erwecklichkeit teilzuhaben (vgl. O. Riecker, „Herausforderung an die Gemeinde" S. 11 ff.). Wo ist sie auf den theologischen Lehrstühlen, an den Universitäten zu finden? Wo ist sie im allgemeinen kirchlichen Leben zu entdecken? Und wie kann ein Pfarrer, der anders geprägt ist, in sie hineinkommen? — Ich persönlich konnte das nur durch das eigene Erleben erwecklicher Arbeit und Bewegung vollziehen, aber auch durch eine bewußte Hingabe an den Herrn und eine gehorsame Einmündung in diesen Strom des Geschehens, den man Erweckung nennt. Ich habe von daher die hier vorliegende unendliche Aufgabe und Möglichkeit sehen gelernt und mich gefragt, wie das den leitenden Leuten der Gemeinde vermittelt werden kann? Letzten Endes nur, indem man sich selbst hineinstellt in den Kreis der Erweckten ist das möglich, nicht allein durch Ermahnungen und Belehrungen. Die Erweckten brauchen wohl eine theologische Weiterbildung, aber im Sinne einer seelsorgerlichen, ihren inneren Fortschritten und Krisen entsprechenden Führung, keine vordergründig theologische, wissende. Hinzu tritt Schulung im Dienst für Jesus.

b) Problematik statt Glaubenskraft

Jung erweckte Kreise können nicht mit der üblichen theologischen Problematik gefüttert werden, wie sie heute mehr denn je gang und gäbe ist. Wir sehen, wie letztere die Unsicherheit und Heilsungewißheit der Menschen widerspiegelt. Sie birgt in sich die ansteckende „Seuche der Fragen" (Probleme) „und Wortkriege" (Diskussionen) (1. Tim. 6, 4) anstelle von echter Glaubensgewißheit und Hineinführung in missionarisches Arbeiten und sicher auch in die Situation der Umwelt und in die volle Tiefe der Bibel. Viele haben sich an das problematische Denken so gewöhnt, daß sie es auch in Bibelstunden und in der Weiterführungsarbeit in erweckten Kreisen anbringen müssen.

2. Die Erschwerung der religiösen Unmittelbarkeit

Wir werden bei unserem geschichtlichen Rückblick (S. 153 ff.) noch sehen, daß eigentlich nur in den großen geistlichen Durchbrüchen der Kirchengeschichte — also in der Reformation und in den Erweckungsbewegungen — die religiöse Unmittelbarkeit des Urchristentums wieder wirklich zum Zuge kam.

Das ganze Mittelalter ist, obwohl es sehr mystisch und Gott hingegeben lebte, doch überfremdet durch Institutionalismus, durch Zwischeninstanzen zweiter Hand, durch die Kirche und ihre Sakramente, durch lauter außerhalb des Menschen liegende Faktoren. Dank der Reformation jedoch kam der einzelne Mensch wieder selbst zu Gott und wurde selbst gerechtfertigt und selbst ein Diener Gottes. Hier wurden alle dazwischengeschalteten weiteren Faktoren, also das, was die Uneigentlichkeit ausmachte, weggeschoben zugunsten des eigentlichen religiösen Verhältnisses, des Glaubensverhältnisses. Dieses wurde aber schon durch die Orthodoxie gleich wieder gedanklich überfremdet, ebenso durch die Bedingungen allgemeinen Kirchentums, das ja solche objektiven Gehalte zweiter Hand zur Vermittlung in den Schulen und im kirchlichen Leben braucht. Erst wieder der Pietismus und Methodismus brachten den Durchstoß zur wahren Unmittelbarkeit. Auch heute haben alle echten erwecklichen Bewegungen diese wunderbare Ursprünglichkeit altchristlicher Art. Sie ist eigentlich das Geheimnis der ersten Kirche.

Wenn nun in eine solche Atmosphäre der jungen ersten Liebe zum Herrn, der liebenden Verbundenheit untereinander, wo man fröhlich singend beieinander ist, die theologistische Sicht irgendeines Pfarrers hineinkommt, wirkt das wie ein kalter Wasserstrahl. Dabei geschieht dies oft aus ganz gutem Willen. Sie verstehen es nicht besser. Man braucht noch nicht einmal die theologische Feuerspritze anzusetzen und das alles als „Schwärmerei" wieder auszulöschen, wie das leider sehr oft von orthodoxen oder liberalen Pfarrern versucht wird. — Es geht hier um ein anderes Klima, um eine andere Verhaltens- und Sichtweise. Wie schwer haben es deshalb gerade wir Theologen, hier in erweckten Kreisen echt zu dienen. Wir sind eben reflektiert, gedanklich und bedächtig, amtlich und kirchlich und daran interessiert, daß alles schön im Maß bleibt und nichts extrem wird. Und aus lauter Angst vor Extremen werden die Wogen geglättet und alles auf das uns angenehme Maß gebracht. So sind wir mitverantwortlich für das Abrutschen vieler Kreise aus der eigentlichen Unmittelbarkeit hinein in ein Leben aus zweiter Hand und in ein kirchlich mittelmäßiges Dasein. Wir benötigen deshalb die führende Mitgestaltung der Verhältnisse durch hierzu von Gott beauftragte, unbelastete Mitarbeiter und die Gnade einer echten, geistlichen Enttheologisierung, ja die immer neue Bekehrung vom Theologismus.

K. Die Bekehrung vom Theologismus

Mit „Bekehrung“ gebrauche ich ein heute nicht sehr beliebtes Wort. Man kann auch sagen Abwendung oder Überwindung oder Erlösung vom Theologismus. Aber ich bringe doch nach manchem Überlegen das Wort „Bekehrung“, weil hier mehr geschieht als eine gedankliche Neuorientierung. Es ist eine grundsätzliche Wende des ganzen inneren Verhaltens unter der Wirkung des Geistes Gottes und unter der Einsicht in die Schäden dieser Haltung. Es handelt sich hier um eine zu erbittende Gabe Gottes, wie jede echte Bekehrung eine Gabe Gottes ist, indem sie uns aus der Verkehrtheit in das richtige Verhalten führt. Das ist nur durch Jesus möglich.

I. Die Abwendung des einzelnen vom Theologimus

1. Bußfertige Erkenntnis

Tiefdringende Erkenntnis des geistlichen Schadens der Kirche und der eigenen Person ist notwendig. Wie bei jeder echten Bekehrung ist die Sündenerkenntnis das, was der Sache Tiefgang gibt. Man sieht dann das Unheil und kann sich von einer erkannten Sünde durch Jesus Christus lösen lassen. Ohne echte geistgewirkte Erkenntnis gibt es keine Loslösung. Man muß den Schaden selbst einsehen, bejahen und sich von ihm lösen lassen — immer neu. Gott weist uns immer neu darauf hin.

Auch ich mußte in meiner Arbeit grundlegend umlernen, um von der theologistischen Haltung in die eigentliche geistlich fruchtbare zu kommen. Ich weiß, daß ich am Anfang in der „Jungen Gemeinde“ auch noch zu theologisch verfahren bin. Eigentlich habe ich erst in der Praxis der Bibelschule und an ihrer Mission gelernt, in echter Weise theologisch zu arbeiten und an meinem Teil erweckte Kreise weiterzuführen. Dazu benötigte ich eine dauernde praktische Gestaltungsarbeit. Man kann eigentlich nur aus fortlaufenden geistlichen Geschehnissen heraus das Bessere erkennen und verwirklichen.

Aber es ist doch auch andererseits ein Entschluß zur Überwindung dieser Schäden nötig. Man muß diese Dinge als Schäden sehen und das Bessere in Gottes Augen suchen. Gott gibt dann durch die Bibel — gerade durch die Bibel! — wie durch die Neugestaltung die Sicht in das Entscheidende.

2. Beugung

Auch bei dieser Bekehrung geht es nicht ohne Beugung, Beugung unter Gesamtschuld und unter persönliche Schuld. Wenn wir die verheerenden Wirkungen dieser falschen theologistischen Haltung gerade in der Gegenwart sehen, nützt es nichts, nur darüber die Hände zu ringen oder sie abzuwehren. Auch das muß geschehen. Aber als Jesusjünger wissen wir, daß es auch eine stellvertretende Buße gibt und daß auch solche Gesamtverhängnisse nicht abgewehrt und überwunden werden können, ohne daß wir uns mit unter die Schuld stellen. Ich habe gelernt, mich unter die Schuld des Abendlandes zu stellen, die durch Jahrhunderte in dieser Beziehung vorhanden ist. Wir finden sie in einer merkwürdigen Sterilität weiter kirchlicher Kreise bis hinein in die Mission. Erst im letzten Jahrhundert ist an unserem Teil von Deutschland aus die Mission so richtig in Gang gekommen; vorher nicht, bei aller lutherischen Orthodoxie. Und nun sehen wir, welche Verwirrung draußen bei den Heiden durch diese falsche abendländische Haltung angerichtet wird, wie sie von ihrer neuerweckten kindlichen Glaubensart vielfach auch in diese theologistische Verschultheit in der Heranbildung des Nachwuchses hineingeführt werden und dadurch oft wieder die erste Liebe verlorengeht. Die Probleme nehmen nun den ersten Platz ein. Sodann tritt eine Verwässerung des Glaubenslebens ein. Da kann man sich nur tief beugen und sagen: „Herr, das ist auch meine Schuld!" Wir können uns davon nicht distanzieren. Wir müssen den Götzendienst der Vernunft erkennen, der vom Abendland auf diesem Gebiet getrieben wird, die Selbstverherrlichung des Menschen, die er unbewußt in der Nachfolge der Antike vollzieht (S. 42). Diese Buße kann und soll wenigstens der vollziehen, der die geistigen Sünden als solche erkennt. Wir müssen dies um so mehr tun, damit wir eine Bahn in die Freiheit brechen; wir müssen unbedingt herauskommen aus dieser Umklammerung in die Befreiung.

Aber diese Beugung ist nicht nur für die Gesamtgeisteslage notwendig, sondern auch persönlich. Auch ich als Theologe habe Teil an dieser Gesamtschuld. Selbst wenn sie übernommen ist, habe ich doch mit gesündigt, etwa in der Jugendunterweisung. Ich habe hier nicht die richtige Sicht gehabt. Wohl, weil ich es nicht anders kannte. Aber ich habe sie doch nicht gehabt und muß darüber Buße tun. Auch ich entdecke mich oft in meiner Vorliebe für kluge Gedankengänge. Jede echte geistliche Durchsicht verbindet sich gerne mit dem Beigeschmack des eigenen Erfolgdenkens. Gerade hierin sind wir Sünder. Es ist notwendig, dies anzuerkennen. Nur dann kann uns der Herr herausholen.

3. Inanspruchnahme des sühnenden und erlösenden Blutes Jesu

Auch für solchen Schaden gibt es eine Heilung. Jesus hat alle diese Verhängnisse schon besiegt. Gott sei Dank brauchen wir als Jesusjünger nie stehenzubleiben bei der Feststellung eines Schadens oder negativen Tatbestandes, selbst wenn er noch so erschütternd und weittragend ist. So kommt allemal noch der Sieg Jesu als große Möglichkeit zum Vorschein. Im Erkennen dieser Dinge liegt schon ein Stück Sieg und ein Stück Auftrag von Jesus her. Am Kreuz ist der grundsätzliche Sieg errungen, der auch in der heutigen Situation gilt.

a) Erlösung von allen, auch okkulten „Mächten"

Unsere Brüder aus Indonesien (S. 69 f.) haben etwas gesagt, das mich tief getroffen und seither oft beschäftigt hat. Ich hatte das Geäußerte, persönlich schon oft selbst empfunden, aber angesichts der Haltung der ganzen Umgebung immer gedacht: „Ob das nicht vielleicht nur meine persönliche Schau ist?" Die Indonesier haben mich bestärkt, indem sie sagten: „Wenn man zu euch ins Abendland kommt, ist irgendetwas Ungreifbares da, das entscheidend den Geist Gottes im Wirken hemmt." Auch sie haben das im Theologismus gefunden, in dieser gedanklichen Prägung nicht nur der Theologie, sondern auch der Kirche und der Gläubigen. Es ist das sonderbar intellektualisierte Verhalten der Europäer, mit dem sie besonders in Asien auffallen. Wie schon öfters bemerkt, hat dies seine Ursache in der griechischen Philosophie, die unsere abendländische Kultur aufgebaut und geprägt hat. Dieses überbetont geistige und intellektualisierte Verhalten ist heidnisch. Daher ist es auf theologischem Gebiet nicht anwendbar. Es hat keinen Zweck, vor diesen Wirklichkeiten die Augen zu verschließen oder sie abzustreiten, da es sich hier um geistige *Mächte* (S. 89) handelt, die persönlich sind. Hier geht es nicht nur um ein Fehlverhalten theologischer Art, sondern um eine Überlagerung durch eine fremde Geistigkeit. Es gibt geistige Mächte und Verhältnisse, die eine Realität darstellen. Dies kann man nur als Glaubender, in der Schau des Glaubens aussprechen; der Rationalist wird diese Tatsache nie erkennen. Ich sehe in diesen Vorgängen ein Wirken Satans, der daran interessiert war, die junge Kirche vom griechischen Heidentum her zu überlagern und in ihrer göttlich-missionarischen Dynamik zu ersticken. Daraus ist es wohl auch mit zu erklären, daß man so schnell in Gesetzlichkeit und Gedankenhaftigkeit, in die Lehre verfiel.

Von solchen Mächten und Lebensprägungen kann uns nicht nur ein Entschluß erlösen — auch der ist notwendig — sondern das Blut Jesu. Das ist geflossen zur Erlösung von allen Mächten und Gewalten Himmels und der Erde, auch von diesen philosophischen Bestimmtheiten und Besessenheiten. Nur dadurch gibt es Freiheit.

b) Erlösung auch von den Mächten der Geschichte

Geschichte hat eine große Macht. Wir im Abendland können ausgeprägt geschichtlich denken, das ist unsere Kraft. Die Überlieferung einer Kirche, die sich von Geschlecht zu Geschlecht fortpflanzt, ist eine wirksame Tatsache, auch die Prägung unserer Evangelischen Kirche. Diese hat von Luther her in der Rechtfertigungslehre neben den starken persönlichen auch juristisch-theologische Linien (S. 102), die dann schnell zur Orthodoxie hinüberführten. Diese Lagerung nach dem Objektiven hin steckt schon im Ansatz. Sie wurde durch den Pietismus biblisch in Richtung Glaubensgewißheit und Bekehrung ausgewogen. Jede Gruppe geht aber geschichtlich gerne nach dem Gesetz weiter, nach dem sie angetreten ist. Die Reformation wurde dann durch Melanchthon humanistisch mitgeprägt, was sich in der humanistisch-gelehrten Tradition bis heute fortgesetzt hat, gerade in der Ausbildung der Pfarrer. Da Theologen das Leben und Denken der Gemeinde mitbestimmen, steht auch diese in einem tiefgreifenden geschichtlichen Zusammenhang, ja, in einer Abhängigkeit von den theologischen Lehrern und deren „griechischem" Gedankengut. Aber auch das hat Jesus besiegt. Keine Macht der Tradition ist so stark, daß sie uns nicht zu einem neuen Verhältnis entlassen müßte, wenn wir es nur von Jesus her im Glauben wagen.

c) Ausrufung des Sieges Jesu über die Mächte

Wir dürfen also nicht nur diese Mächte und scheinbar allgewaltigen Bestimmtheiten sehen oder gar vor ihnen kapitulieren, sondern hier bewährt sich erst recht der Mut des Glaubens: daß wir konkret glauben lernen und über bestimmte Dinge auch einen bestimmten Sieg glauben und ausrufen, also Jesus in diesem Sinne echt bekennen. Das heißt dann aber praktisch, er kann auch den Theologismus und die theologistische Bestimmtheit einer ganzen Kirche durchbrechen. Ihm ist nichts unmöglich. Was beim Menschen unmöglich erscheint, ist bei dem Herrn erst recht möglich. Alle bekannten und unbekannten Mächte und Bindungen kann er zunichte machen. Auch wir dürfen sie im Glauben durchbrechen, uns von ihnen lösen und dies allen Machthabern gegenüber frei bekennen und zum Ausdruck bringen. Nichts ist so stark, als daß nicht Jesus darüber siegen könnte. Gerade solche ungreifbaren Phänomene und Dinge sind ihm unterworfen. Seinen Sieg auf Golgatha in Bezug auf bestimmte Bindungen theologischer oder anderer Art zu „proklamieren", kundzutun, ist, ähnlich wie das „Gebieten", eine große Hilfe, ja Notwendigkeit solchen doch okkulten Mächten gegenüber. Dies schafft leichter einen Durchbruch zur Freiheit, sonst geschieht häufig nichts.

d) Erlösung zur geistgewirkten Kindlichkeit

Ich habe eine kleine Schrift über die „Kindlichkeit" oder vom „kindlichen Geist" (Lit.-Verz.) verfaßt. Diese Darlegung hat ihren Ursprung in dem Erlebnis der Erweckung hier. Solche Erfahrungen müssen ausgewertet werden. Gerade in einer total unerwecklichen Umgebung ist das nötig, weil sie die Erweckung bis in die Kirchengemeinden hinein hemmt und blockiert. Damals habe ich an einfachen und kernigen jungen Landmenschen gelernt, was eigentlich kindlicher Glaube ist. Mir blieb fast die Spucke weg, als ich sah, wie kindlich einfach sie mit dem Herrn rechneten und sagten: „Oh, Herr Pfarrer, das geht ganz gut, nicht?" und sie vorne hintraten und am Mikrophon ohne weiteres vor 4000 Leuten sprachen, als ob sie darin ausgebildet wären, und dann lustig wieder davonfuhren und ihre Lieder sangen wie die Vögel auf dem Zweig.

Das war eine schöne Unbesorgtheit und herrliche Frische, die mich oft überwältigte und von der ich theologisch lernte, worauf es im Glauben ankommt. Das waren nicht umsonst Laien, nicht umsonst ländliche Jugend, Gefährten, die noch ihr ursprüngliches und natürliches Gefühl relativ gut erhalten hatten und nicht so durchgezüchtet, hochgeistig, überlegt und reflektiert waren. Und so wie die indonesischen Brüder sagten, „eure Krankheit hier ist der Theologismus", so habe ich damals erkannt: „Deine Krankheit ist der Theologismus. Lebe wie sie, sonst kannst du ihnen nicht Führer sein! Schau, wie sie es machen, lerne von ihnen!" Das kann man nur am Verhalten lernen, nicht indem man theoretisch darüber lehrt.

Es ist im Grunde nur der *„Glaubensweg"*, der diese Naivität bringt, indem er uns dazu führt, „heute und hier" wirklich ganz konkret im Äußeren und Inneren mit Gott zu rechnen (vgl. Literaturverzeichnis „Konkreter Glaube" und „Geschaffen aus dem Nichts"). Wir lernten, alles vor den Herrn zu bringen und auch Erhörungen zu erhalten. Hier bekamen wir als Gemeinschaft diese ganz schlichte Art, uns Gott zu stellen, diese kindliche Art, von der Jesus (Matth. 18, 3) sagt: „Wenn ihr nicht umkehrt und werdet wie die Kinder, kommt ihr nicht in das Reich Gottes", steht ihr außerhalb. Und wie viele Theologen und theologisch bestimmte Kreise stehen in der Tat außerhalb des Reiches Gottes, trotz aller ihrer Christlichkeit, außerhalb dessen, was wirklich Reich Gottes ist. So mußte ich demütig und, was ich oft vor unserer Hausgemeinschaft gesagt habe, ein großer

„Kindskopf" werden. Wir müssen heute wieder ganz kindlich Jesus lieben, ihm und den Menschen dienen und Gott loben lernen. Wir müssen zu der unkomplizierten Art finden, die den Weisen und Klugen verborgen ist, aber den Unmündigen offenbart wird. Welch eine Offenbarung ist das! Ebenso wie Gott das, „was nichts ist", erwählt, damit er zuschanden mache, was in den eigenen Augen durch das große Wissen „etwas ist" (1. Kor. 1, 28). Nur so werden die Menschen, auch das Abendland, wieder kuriert und ebenso für die letzte Zeit gefestigt werden, indem sie sich mit diesem kindlichen „Jetzt- und Hier-Glauben" durchglauben werden durch sämtliche dämonische Äonen. In diesen wird die stolze reflektierte Art zerbrechen, sie *muß* zerbrechen und der Herrschaft Jesu weichen.

II. Die richtige Gestaltung des persönlichen theologischen Verhaltens

1. Betendes Leben in und aus der Bibel

Das Geheimnis *Billy Grahams* und seiner Durchschlags- und Erweckungskraft ist offensichtlich das entschiedene Leben mit der *Bibel.* Er ließ, wie ich hörte, sogar Schallplatten mit Bibelworten besprechen, damit, wenn er irgendwo einmal eine Mittagspause macht und Zeit hat, Gottes Wort ihn wieder in seiner Offenbarungskraft, in seiner Gewalt und Liebesmacht erreicht und Denken und Handeln prägt. Es soll ihn ausfüllen und seine Gedankenwelt bestimmen. — Das *Gebet* ist unsere Antwort auf dieses Angesprochensein durch Gottes Wort. Wenn wir viel beten, kommen wir immer neu in die Gemeinschaft mit Gott selbst. Das Gebet ist der eigentliche Kanal, durch den wir mit Gott in Verbindung treten und er mit uns.

Die Bibel ist ein *geoffenbartes* Wort. In ihr redet er durch die Propheten, den Sohn und durch die Apostel. Richtige Grundlage theologischen Verhaltens, gerade auch für einen Pfarrer oder vollberuflichen Arbeiter im Reiche Gottes, ist ein Leben im Gebet. Dies ist eine ganz andere Herkunft der inneren Bestimmtheit als das kritische Überlegen und Nachdenken. Wir fragen uns nicht mehr, ob das auch wahr ist, was dasteht, und wie weit es wahr ist? Wir befinden uns in einem ganz anderen Verhalten. Und hierum geht es immer wieder: um das Verhalten, nicht nur um den Einzelfall.

2. Leben aus Führung des Heiligen Geistes

Ich habe schon im früheren Zusammenhang (S. 51 ff.; 71 ff.) davon gesprochen, wie die geistige Arbeit gestaltet wird. Man kann dies jetzt auf das theologische Gebiet anwenden: Wenn wir eine Predigt vorbereiten, wenn wir eine Jugendstunde ausarbeiten oder halten, wenn wir uns an der missionarischen Front bewegen oder wenn wir Planungen für irgendein Unternehmen machen ist es entscheidend, daß wir dies aus *Führung* (S. 27 f.) tun. Das bedeutet, daß wir dies betend vollziehen und den Herrn fragen: „Ist das richtig, was ich da tue, willst du das auch haben?" Gottes Geist wartet auf unsere Bereitschaft, daß wir uns von ihm korrigieren, tiefer erleuchten und in seine Schau hineinführen lassen. Er gibt dann seine Kundgebung, eine Kundgabe aus Führung (S. 27 f.; 56 f.), aus Gebet, aus der Vergewisserung aus Gott heraus, aus Rücksprache und Absprache mit ihm. *So* muß man theologisch arbeiten, dann kriegt das Ganze die geistliche Sicht, das ist dann echte, sachgemäße Theologie.

Es fehlt nicht der Gebrauch des Verstandes, der uns ja von Gott gegeben ist. Wir sollen ihn anwenden, aber im Gehorsam gegenüber Jesus, unter seiner Leitung. Gott selbst wird uns die wahre Weisheit geben, wenn wir ihn darum bitten (Jak. 1, 5). Das Wort Gottes ist Wahrheit und Weisheit und macht klug, die darauf achten (Ps. 19, 8; 119, 98—105). Diese Dinge, aus der Offenbarung Gottes, d. h. aus der Bibel und aus der Führung des Heiligen Geistes heraus zu leben und theologisch zu arbeiten, sind weitgehend verlorengegangen. Hier ist Umkehr nötig. Das neue Hören auf Gottes Wort, das Achten auf die Winke des Heiligen Geistes zusammen mit der Ausrüstung des übrigen Frömmigkeitslebens (S. 181 ff.) sind die einzige Möglichkeit, um aus der theologistischen Gesamtprägung herauszukommen.

3. Das Wissen um die Versuchung des Abgleitens in das theologistische Verhalten

Gerade für Schulen, aber auch sonst für Pfarrer und Berufsarbeiter im Reich Gottes, ist der Trend und die Versuchung zurückzurutschen dauernd neu gegeben, denn die Umwelt ist theologistisch mehr überfremdet, als wir glauben. Bis hinein in die Gemeinden und Jugendkreise ist diese Denkweise da. Die Kraft der indonesischen Erweckung ist großenteils in der Tatsache zu finden, daß sie offenbar von vornherein diese theologistische Überfremdung nicht gehabt hat (S. 69, 168 ff.).

Ich treibe den Gesichtspunkt des Theologismus in meiner Darstellung ein wenig auf die Spitze. Ich bleibe so betont bei ihm, um ihn deutlich herauszustellen. Das geht nicht anders. Dieser eine Punkt muß einmal klar angegangen und erkannt werden, damit wir von dieser Macht loskommen. Das Abrutschen in das denkende, reflektierende, klugwissende Verhalten ist dauernd gegeben und leider auch in den Gemeinschaften weit verbreitet, etwa in der Art, wie sie vielfach die Bibel miteinander lesen. Das Forschen in der Schrift, das durchaus richtig ist, muß eben geistlich, seelsorgerlich und erwecklich geschehen, nicht (S. 111 f.) spekulativ, philosophisch, rein erkenntnismäßig, mit lauter komplizierten Tiefenbohrungen, während draußen die Menschen kaputtgehen.

4. Abwehr entgegengesetzter Einflüsse

a) Bestreitung vom herkömmlichen wissenschaftlichen Betrieb her

Ich möchte darauf hinweisen, daß sich diese Sicht bei mir selbst nur mühsam durchgerungen hat und ich mir über deren Tragweite selbst noch nicht völlig im klaren bin. Gewiß ist sie noch zu ergänzen, oft auch noch zu korrigieren. Es ist ein Vortasten auf unbekanntes Gelände, aber dies muß einmal gewagt werden. Die theologistische Einstellung ist so stark vorhanden in der Überlieferung nicht nur Deutschlands, sondern des ganzen Abendlandes und der christlichen Kirche, daß diese andere untheologistische Haltung dauernd in Frage gestellt wird. Sie wird sofort als antitheologisch mißverstanden, da ja die Gleichung Theologie gleich Theologismus weithin gilt. Dabei bejahen wir voll die Notwendigkeit theologischer, jedoch nicht theologistisch geprägter Arbeit.

Aus dem gleichen Grunde wird die neu gesuchte Haltung gerade bei uns Pastoren als *„unwissenschaftlich"* abgewertet. Leider haben nun wir deutschen Pfarrer nach meiner Erfahrung — ich habe das als Seelsorger deutlich beobachten können — eine panische Angst davor, daß wir von Kollegen und anderen als „unwissenschaftlich" betrachtet werden. Das ist für uns eine viel größere Anfechtung, als wenn wir oder andere als gottlos oder unfromm bezeichnet werden. Welch ein Hochmut und eine verborgene Einbildung steckt doch dahinter, wenn man so vor der Wissenschaftlichkeit in die Knie fällt und die eigene Seele, Lehre und bessere Einsicht hiergegen preisgibt! Das ist dann die griechische Überfremdung, die akademisch-heidnische Gebundenheit.

Ebenso werden wir mit unserer Haltung als *„pietistisch"* abgewertet. Nun muß ich allerdings sagen, daß der Pietismus immer noch die Form ist, die dem Neuen Testament am nächsten kam. Dies gilt auch von seinen Auswirkungen bis heute, die eine fruchtbare Erweiterung bedeuten (S. 113 f.). Die persönlichste Erfassung des Heils in Jesus, daß Jesus *mein* Heiland ist, bleibt ein „rocher de bronce", ein Felsen aus Erz, gegenüber den ganzen uneigentlichen Verkehrungen ins Objektive, Kirchliche und Allgemeine hinein. Dieses Heil hat Luther entdeckt, und dabei bleiben wir auch. Das hat der Pietismus erst recht herausgestellt, und dabei bleiben wir ebenso! Im übrigen wird ein Anliegen nicht dadurch seines Gewichts enthoben, daß man es in eine Schublade steckt und eine Etikette, etwa „Pietismus", auf diese klebt. Auf solche Weise wird vergeblich versucht, es im Zeichen des Pluralismus zu entkräften und als *eine* unter vielen Meinungen unverbindlich zu machen.

Eine extreme, rationale Wissenschaftlichkeit versucht dies in ähnlicher Art, indem sie das überlieferte Heilsgut, die Liebe zu Jesus, den kindlichen Glauben an ihn als *„Tradition"*, als Gemeindefrömmigkeit versteht und ihr das angeblich echte Gotteserlebnis von heute gegenüberstellt. Aber geschieht wirklich etwas so Entscheidendes, wenn ein Vertreter dieser Theologie auf der Kanzel seine Lehre von der Gottesliebe ohne Sühne oder von der Menschenfreundlichkeit ohne biblischen Heiligen Geist verkündet? Denn so wird ja — nach dieser Auffassung — in der Verkündigung das Reich Gottes aktuell und die Heilsgeschichte fortgesetzt. Wie überfordert sind dadurch Prediger und Hörer, wie dürftig ist solche Botschaft!

b) Scheinwissenschaftliche Alternativen

Eine Alternative ist ein Entweder-Oder. Häufig werden bei Vergleichen von weltanschaulichen Gruppen die guten Objekte, die guten Erscheinungen der einen Seite den schlechten auf der anderen Seite entgegengehalten. Dies ist ein unfaires Verfahren. Es müßten jeweils die „lebendigen" und die „toten" Vertreter beider Seiten verglichen werden, nicht die weißen mit den schwarzen Schafen. In unserem Falle wird einer erstarrten Tradition häufig die verhaltensmäßige Aktualität der „Moderne" gegenübergestellt. Aktualität heißt Tätigkeit, Lebendigkeit jetzt und hier bis hin zu Gottes Aktualität, Gottes Tun heute und hier. Eine angebliche Jetzterfahrung, Echtheit und Wirklichkeit wird nun verglichen mit einem sogenannten Traditionalismus, den man dann in dem Sinn versteht, er sei eine bloße Lehre, eine Überlieferung, ein toter Buchstabenglaube, eine unlebendige Frömmigkeit. Dann findet man die eigene Aktualität viel besser als jene so bezeichnete kirchlich-orthodoxe. Dies ist aber eine falsche Alternative, die nicht der Sachlage entspricht.

Es gibt eine äußerlich vielleicht große Aktualität der entleerten Bibel, eine soziologische Eintagsaktualität, und es gibt eine Aktualität der erfüllten Bibel, des Zeugnisses und der lebendigen Verwirklichung des Neuen Testamentes heute und hier.

Es gibt zwar leider tote *Tradition* der leeren Form, des Begriffes ohne Wiedergeburt, aber es gibt eine lebendige Tradition der biblischen Gleichzeitigkeit heute, eine Überlieferung echt biblischen Lebens durch die Jahrhunderte, durch die Generationen hindurch bis zur Verwirklichung heute. Hier ist die Tradition nicht weniger als ein überliefertes, immer erneuertes Leben echter Art. —

Man kann von hier aus gesehen nicht einen verhältnismäßig lebendigen humanistischen Aktualismus in Vergleich setzen mit einer toten Rechtgläubigkeit und Weltversunkenheit, wie sie leider oft auch in christlichen und auch gläubigen Kreisen da ist.

Der Vergleich des Wertgehaltes der Theologie zeigt eine substanzleere und geschwächte theologische Meinung auf der einen Seite und eine geisterfüllte, realistische Glaubensverwirklichung vom Herrn her auf der anderen Seite, für die eine Bekehrung notwendig ist und auch geschenkt werden kann von der falschen zur richtigen Aktualität.

Beide Glaubensarten, *die humanistische und die biblische,* sind sich in der Form ähnlich, indem es sich um ein aktuelles Geschehen heute und hier handelt, aber der falsche Inhalt des humanistischen Aktualismus darf und muß ersetzt werden durch einen richtigen Inhalt biblischen Lebens aus dem Evangelium. Aus einem Humanisten kann dann ein Jünger werden und aus einem existentialistischen ein biblizistischer Aktualist. Ein Existentialist ist ja lediglich in dem weitesten Sinne ein Humanist, daß der Mensch sich selbst verwirklicht. Wir haben die Aufgabe, im Gespräch mit jungen Menschen sie aus dem aufrichtigen Suchen nach echter Wirklichkeitserfahrung und Menschwerdung dorthin zu führen, wo dies auch erfüllt wird und wo man nicht auf sich angewiesen ist, sondern von Jesus her ein echtes und erfülltes Menschsein erlangt und wo das Leben einen Sinn bekommt. Wir zeigen ihnen, wo heute und hier etwas geschieht von Gott her und von Jesus her und sich das Leben ändert bis in die Politik hinein. Früher war ich in diesem Sinn ein idealistischer Humanist und mußte mich bekehren und diese Art Humanismus als Sünde erkennen. Das auszusprechen ist in den Augen aller Humanisten etwas Entsetzliches, aber es muß bekannt werden, weil sie ein Drehen um sich selbst gewesen ist, diese meine Selbstvervollkommnung im eigenen Namen und in der eigenen Verantwortung. Heute lebe ich aus Jesus als Christ mit einem vollen Auftrag; das ist meine Aktualität. In dieser Richtung haben gerade lebendige junge Christen von heute für die nach Aktualität suchende Jugend eine große Botschaft. All das Gesagte gilt sinngemäß für eine soziologische oder revolutionäre Aktualität.

c) *Die Versuchung zur Selbstschonung*

Es gibt noch eine Bestreitung des untheologistischen Verhaltens, nicht von außen, sondern von innen her, biblisch gesprochen von der „Sarx“, vom „Fleisch“, vom alten Menschen her. Die Versuchung kommt vom Feind, der in uns selbst sitzt. Es ist die Selbstschonung. Das Wort des Petrus (Matth. 16, 22) „Schone dich selbst“, „das verhüte Gott“, ist ja der echt menschliche Rat, von dem Jesus sagt: „Du meinst nicht, was göttlich, sondern was menschlich, ja satanisch ist.“ Wir sind uns völlig darüber klar, daß diese neue Sicht, von der ich die ganze Zeit spreche, viele Konflikte mit der Umwelt hervorrufen und uns Widerstände aus dem herkömmlichen Denken, uns Leiden und Verkennung einbringen wird, und das hat der alte Mensch nicht gern. Wie groß ist da die Versuchung, sich selbst zu schonen, lieber stillzuschweigen und alles beim alten zu lassen.

Aber wir haben ein jeder eine Verantwortung, in diesen Dingen klar zu denken und zu sprechen. Es handelt sich bei all dem, was ich Theologismus genannt habe, um sehr weittragende und schwergewichtige Dinge. Es geht um einen Hauptschaden unseres Zeitalters, wie der christlichen Kirche beinahe von Anfang ihrer Etablierung an. Es geht hier um die Ursache der kirchlichen Misere der Gegenwart. Deshalb müssen wir handeln und mutig vorwärtsgehen. Es ist ein Beitrag dazu, wenn wir hier so leben, wie wir leben , und so Theologie treiben, wie wir sie treiben, und wir versuchen, die richtige Lösung zu finden und zu gestalten, soweit es uns gegeben und aufgetragen ist. Und wir müssen um der Rettung vieler Menschen willen und auch um der Erneuerung der gläubigen Kreise und der Kirche und der Theologie willen deutlich sagen, was nach unserer Sicht richtig und falsch ist. Diese Verantwortung ist uns von Gott aufgegeben.

L. Die Abkehr vom Theologismus im christlichen Gemeinschaftsleben

I. Grundsätzliches

Den geschichtlichen Vorgängen (S. 159 ff.) schicke ich hier ihre gemeinsamen Wesenszüge voraus.

1. Überlagerung und Durchbrüche

Diese Überlagerung des Abendlandes mit der einseitigen Schätzung der geistigen Werte und einer entsprechenden Gestaltung der Theologie und der Kirche gleicht einer überdeckenden Erdschicht, die wie bei Vulkanen von unten durchbrochen werden muß. Man könnte sie auch mit einer Plastikhülle vergleichen, die über irgendeine Blumenecke gelegt wird. Das Licht kann noch durchdringen, zur Not kann man darunter atmen, aber im Laufe der Zeit muß doch, was unter der Decke ist, ersticken. Die Hülle ist durchsichtig, scheinbar harmlos, aber in ihren Folgen verhängnisvoll. Die Gesamtsteuerung der Kirche und des kirchlichen Lebens geschieht großenteils aus dieser Überfremdung; die Tradition ist eine eiserne Wirklichkeit geworden und hat eine lähmende Gesamtprägung des ganzen abendländischen Lebens und Denkens auf christlichem Gebiet mit sich gebracht. Wir sehen den bemerkenswerten Vorgang, daß bei den geistlichen Durchbrüchen der neueren Zeit diese Überlagerungsschicht durchstoßen wurde, so wie sich nach obigem Bild bei vulkanischen Eruptionen die heiße Lava aus dem Erdinnern den Weg zur Oberfläche mit der nötigen großen Kraftentwicklung bahnt.

2. Die geistliche Front

Diese geistlichen Durchbrüche geschahen und geschehen überwiegend an der erwecklichen und missionarischen Front. Dies sind Beobachtungen und Schlüsse, die ich aus den Ereignissen der letzten Jahre und des letzten Jahrzehnts gezogen habe. Warum verhalten sich die Dinge so? Weil es an dieser Front um die Errettung von Menschen und nicht um Philosophie, auch nicht um eine kirchlich abgewandelte, christliche Philosophie und entsprechende Kirchlichkeit geht.

Jede einseitige geistige Interessiertheit hört ja auf, wenn man den Menschen auf der Straße oder an der Haustür ins Angesicht schaut. Diese Einstellung, diese denkerisch reflektierte und im Grunde geistlich ohnmächtige Einstellung wird dort zuschanden. Man könnte sogar sagen: Die Fähigkeit oder Unfähigkeit zum missionarischen Tun ist der Maßstab, wie weit wir im Theologismus stecken. Warum sind wir zu einer echten missionarischen Begegnung mit anderen Menschen nicht bereit? Warum fällt sie uns so schwer? Dem Theologisten fehlt der missionarische Impuls. Ein Jesusjünger wird dazu vom Heiligen Geist getrieben. Ein Theologist gibt kein Zeugnis und hat auch keines, während ein Jünger vom Herrn bei der Rettung von Menschen das Zeugnis laufend dargereicht bekommt.

3. Die Unmittelbarkeit

An der missionarischen Front, etwa auf der Straße, wird die Verbindung mit Gott und Jesus direkt notwendig und aktuell, viel mehr als überall sonst, viel mehr als innerhalb der gesicherten Kirchengebäude bei garantierter Anstellung. Wo der Glaubensweg gegangen wird, ist die Glaubensdirektheit notwendig, mit Gott heute und hier zu rechnen, weil wir keine anderen Sicherheiten haben. Die vielen anderen Sicherheiten, auch die angeblich wissenschaftlichen und theologischen, sind häufig der Grund dafür, daß wir uns nicht in die Arme Gottes werfen. Wir können dann über Gott philosophieren und nachdenken, anstatt ihn lebensnotwendig jetzt und hier haben zu müssen. Die Abhängigkeit von Jesus und die Erfahrung seiner Realität kommt aus der vorhandenen Lage heraus, ist eine Gegebenheit, eine Führung durch die praktische Situation und nicht durch Theorie. Auch hier benötigt man Vollmacht und Beauftragung. Entweder man hat nichts zu sagen, oder man *hat* etwas zu sagen. Wenn man missioniert, benötigt und erfährt man die rettende

Kraft Jesu und erlebt seine Siege über die Menschen. Da wird Jesus aktuell. So erfahren wir die beste Aktualität, die wir uns überhaupt wünschen können. Jedem, der missioniert, wird diese wunderbare, leuchtende Wirklichkeit des Herrn, seine Herrlichkeit an den Menschen in einer oft demütigenden und ergreifenden Weise kund, so daß man oft Tränen weinen könnte über die Schönheit und wunderbare Lichtkraft Jesu. Aber das bekommt man nicht am Schreibtisch zu sehen, sondern im Ringen um Menschen. Es ist ein Unterschied, ob man über die Herrlichkeit Jesu nach Johannes 1 nachdenkt, oder ob man sie im Dienst der Menschenrettung erfährt (Vgl. „Mission oder Tag", Literaturverzeichnis).

4. Missionarischer Dienst und Neues Testament

Nur hier, und nicht im Sessel des Theoretikers, ist das wahre Verständnis des Neuen Testaments möglich. Dies hat sich mir aus der Erfahrung tief eingeprägt. Wenn ich irgendwo in einem Wirtssaal oder in einem Kulturhaus sitze und die Fastnachtsfähnchen und -wimpel über mir baumeln und die jungen Leute singen und ihr Zeugnis geben, angesichts einer solchen Atmosphäre, da merke ich spontan, das Neue Testament hat heute die gleiche Kraft wie damals. Die rettende Botschaft von Jesu Gnade und Erlösung ist heute, wie zu Anfang, Wirklichkeit und erweist sich auch als solche. Da werden Hunderte von Worten aus dem Neuen Testament plastisch, konkret, wirklich und prägen sich geistlich tief dem Herzen als Wahrheit ein. Man staunt, wie real und überführend sie sind. Da ist einem das ganze Neue Testament kein Problem mehr, wie es leider am Schreibtisch vielfalch ein solches ist. Dann nimmt man keine Schere mehr und schneidet es in Stücke und sucht nicht nach den Quellen oder guckt nach den äußerlichen Vorfindlichkeiten. Da erfährt man die Göttlichkeit dieses Wortes. So entsteht eine echte Exegese, gerade auch der Evangelien, an der missionarischen Front und nirgends sonst. Wo man als Lehrer nicht missioniert und keinen missionarischen Geist hat, kann man vom Neuen Testament immer nur in einem gewissen Maße zutreffend und sachlich übereinstimmend dessen wirklichen Sinn erfahren und verstehen.

Da rutscht leicht alles in die literarische Auffassung von Formen und Schichten hinein, während es eine völlig andere Schicht ist, in der das Neue Testament wirklich verstanden werden kann. An der missionarischen Front wird also dieser reflektierende Theologismus, dieser gelehrte, oft weltfremde Literarismus korrigiert. Man merkt etwas von der eigentlichen Welt des Christen und auch des Neuen Testaments, ja Jesu und Gottes. Deshalb (S. 187 ff.) ist es gerade für Theologen und akademische Lehrer äußerst wichtig und notwendig, in der praktischen Arbeit für Gott zu stehen, um überhaupt lehren zu können. Gerade als Lehrer und als solche, die ein besonderes Amt haben, dürfen sie von einer solchen Tätigkeit an der missionarischen Front nicht absehen.

5. Die Aktualität des Heiligen Geistes

Der Durchbruch zur geistlichen Unmittelbarkeit, zur Gottesbegegnung, zum Treffen mit Jesus ist gerade an der geistlichen Kampflinie zu finden. Die Wirklichkeit des Heiligen Geistes wird hier konkret, und wir stoßen von der Erfahrung der Front her auf eine neue Sicht über sein Wirken. Man denkt dann nicht mehr theologisch oder theologistisch über ihn nach und sucht in den oft so mageren Erfahrungen mit ihm eine Grundlage des Verständnisses, sondern man merkt, wie der Heilige Geist wirkt, wie er die Brücke Gottes zu uns Menschen ist, wie er in unser menschlich-seelisches Leben hineinwirkt, wie das eine ganz andere Region, eine andere Art der Erfahrung ist, als sie dem bloßen Denken entspricht.

a) Die *theologische Düse* (S. 81, 85, 108, 158) hindert vielfach die rechte Aktualität des Heiligen Geistes. Dies ist der Grund für die *Geistesarmut* auch bei Gläubigen. Soviel ich sehe, ist der Heilige Geist in ihrem Falle wohl bei der Bekehrung empfangen worden, und die Theologie sagt dann biblisch richtig: „Er ist doch damals geschenkt worden!" Aber blieb er auch so erhalten, wie er bei den Neuerweckten tätig ist? Und warum wirkt er häufig nicht mehr in diesem Maße? Der Grund dafür ist neben dem Mangel an persönlicher missionarischer Tätigkeit und an Reinigung durch Beichte doch auch die theologische Überfremdung, die Reflexion und lehrhafte Grundhaltung besonders auch der Verkündiger. Das rechte Erfülltwerden mit dem Heiligen Geiste ist nun einmal keine Angelegenheit theologischer Überlegung, sondern des Glaubens. Es ist ebenso auch eine Sache geistlicher *Naivität*, echten Bereitseins zum Nehmen, wenn Gott zu uns spricht. Für dieses schlichte Nehmen und Leben aus Jesus ist der Theologismus ein Haupthindernis. Wir haben schon (S. 138) davon gesprochen, daß selbst gläubige Pfarrer erweckte Kreise oft nicht führen können, weil sie überwiegend theologistisch denken und arbeiten.

b) Im Dienst, wie auch im *persönlichen Leben*, ist das theologistische Denken und Arbeiten ein großes Hemmnis, indem eben das Wirken Gottes im Heiligen Geiste nicht durchs Gehirn kontrolliert oder gelenkt oder gesteuert wird, sondern eine Gesamterfahrung im ganzen Leben unter Einschluß des Gehirns und seiner Funktionen ist. Man braucht ein anderes Verhalten diesen Dingen gegenüber. Wir sind als Theologen vom Studium her in theologistisch einseitiger Weise auf Kritik und dann auch auf Ängstlichkeit hin erzogen. Die theologische Düse hindert uns oft daran, im Gebet wirklich zu glauben oder einfach dem Herrn dies und jenes hier und jetzt zuzutrauen. Leicht kommt noch die Angst vor Schwärmerei hinzu, die oft aus dem alten Fleisch stammt, das kein Wagnis eingehen will. Aus allen diesen Gründen ist unsere Theologie, auch eine gutgemeinte, oft ein Haupthindernis zum Weiterkommen. Wir müssen einsehen, daß irgendeine andere Lösung der Geistesfrage gerade heute notwendig ist.

c) In bezug auf die Geistesfrage haben wir heute zwei Fronten: *Theologismus und Pfingstbewegung*. Die Pfingstbewegung hat den Ansatz des Theologismus radikal verlassen, sie ist hundertprozentig antitheologistisch. Demgegenüber brauchen wir gerade bei der Frage des Heiligen Geistes ganz sicher eine Theologie, ganz sicher ruhige, lenkende und verantwortliche Überlegungen. Man kann sich nicht nur dem Erlebnis überlassen wollen. Aber vielleicht hat man sich in jener Bewegung aus einem unbewußten Drang, wenn auch einseitig, bei der Unmittelbarkeit, beim Leben aus erster Hand angesiedelt und ausdrücklich nicht bei der Mittelbarkeit und dem Leben aus zweiter Hand. Südamerika ist außer vom Spiritismus von dieser Richtung geradezu überschwemmt. In ihrer Naivität, in ihrer sicher öfter allzugroßen und kurzschlüssigen Naivität findet sie gerade bei Laien und einfachen Menschen Anklang. Der oft gefühlsmäßige Weg direkt zum Herzen und zur Erlebnisbereitschaft wird hier in radikaler Weise gegangen, während die kirchliche Äußerung mit ihrer vielfachen Problematik und dauernden Belehrung die Kirchenglieder häufig in den tiefsten Fragen und im Sehnen ihres Herzens unbefriedigt und ohne jede Gewißheit läßt. Die Menschen sind seelisch und innerlich ausgedörrt. Sie sind ja auch Kinder eines technisierten und mechanisierten Zeitalters, in welchem ohnehin der Verstand überbeansprucht und einseitig kultiviert wird. Angesichts aller dieser Gegebenheiten bildet die wieder etwas anders gelagerte Jesus-People-Bewegung ihrerseits eine weitere und äußerste Herausforderung jedes Theologismus.

d) Insofern ist die *Frage des Heiligen Geistes* noch nicht ausgetragen. Sie wartet noch auf die befriedigende Lösung und Gestaltung. Die Klärung auf diesem Gebiet wird sehr erschwert durch die Auseinandersetzungen der letzten Jahrzehnte und die dadurch hervorgerufenen Ängstlichkeiten. Gott muß hier wohl eingreifen und durch sein Handeln Lösungen bringen, die durch die theologischen Kontroversen nicht gebracht werden konnten. Er muß das Richtige als richtig erweisen, und zwar in der Praxis, das Falsche als falsch herausstellen, auch in der Praxis. Das Richtige wird in der Linie des Neuen Testamentes liegen. Das aber kann nur realistisch und nüchtern verwirklicht werden. Sonst kann man leicht seine Lieblingsgedanken theologistisch in die Bibel eintragen und daraus eine Dogmatik des Geistes aufstellen.

II. Das nichttheologistische Verhalten in der Kirchengeschichte

Entsprechend dem Theologismus (S. 78 ff., 94 ff.) gibt es in der Kirchengeschichte auch Beispiele der untheologistischen Haltung. Sie sind nur schwer darzustellen, weil erstens das Abendland von Anfang, von den *Apologeten* an, stark unter dem theologistischen Einfluß stand und das ganze Kirchenleben und seine Geschichtsschreibung kräftig davon bestimmt war. Die Folge war, daß viele Leute, etwa auch *Bernhard von Clairveaux* oder *John Wesley* bei aller Ursprünglichkeit doch beträchtliche theologistische Neigungen hatten. Zweitens sind Männer wie *Franz von Assisi* gar nicht theologisch interessiert, während wir in diesem Zusammenhang davon sprechen, wie richtige Theologie getrieben wird, — keine theologistische, sondern eine echte, richtige Theologie. Trotzdem ist Franziskus in seiner Haltung sehr bedeutsam. Drittens handelt es sich hier oft um Unwägbares, aber Entscheidendes, weshalb es bei allen denen, die ich jetzt nennen will, mehr dem geistlichen Durchblick überlassen bleibt, dieses Moment herauszufinden, auf das es mir ankommt.

1. Franz von Assisi (1182—1226)

Warum ist dieser Mann so aufgefallen? Weshalb ist er bis heute eine Gestalt, die eigentlich alle lieben, sogar die Außenseiter, eine Person, die so bezaubernd anziehend wirkt, der auch damals die Menschen nachliefen und die sie bewunderten? Er war sehr selbstlos und demütig, und gerade dieses gewisse Etwas, nämlich eine herrliche Natürlichkeit und Kindlichkeit aus Jesus heraus, strahlte von ihm aus, diese göttliche Naivität.

Wir kommen auf diese Naivität noch (S. 168) zu sprechen: Sie ist keineswegs eine Simplizität. Simplizität heißt: Sie ist eine geistig beschränkte, einfache Denkweise. Man spricht ja im Volksmund von „Simpeln" als von geistig wenig begabten Leuten, und wir werden oft auch für solche „Simpel" gehalten, wenn wir dieser Kindlichkeit, Naivität das Wort reden. Dabei handelt es sich hier um eine höhere, um eine göttliche Naivität, um eine geistgeschenkte echte Einfachheit, die eine der anziehendsten Auswirkungen echten Christentums ist.

Franz von Assisi besaß diese Gnade in verwunderlichem Maße, diese Glaubensstärke, diese Liebeskraft zu allen Menschen, dieses direkte Rechnen mit Gott, dieses Leben aus der Liebe Gottes heraus. Das war erstaunlich und in bezwingender Weise frisch. Er hatte wohl auch von daher eine abgrundtiefe Abneigung gegen die Theologen, nicht weil er die Wissenschaft gehaßt hätte, sondern weil er ahnte, daß von dieser Seite her gerade sein Bestes verdorben werden könnte. Es sind ja dann auch teilweise die Franziskaner mit ihren Tochterorden und anderen zusammen Träger der Scholastik und der Gegenreformation in Verleugnung dessen geworden, was ihr Vater eigentlich wollte. Jedenfalls war Franz von Assisi, dieser große Laie Gottes, das Gegenstück zu einem übertheologischen Gelehrten.

2. Luther und Pietismus

Luther besaß nach der Scholastik wieder die unmittelbare Glaubenskraft. Er hatte sie aus dem Neuen Testament in einer elementaren Geistlichkeit, die sich bis zu seinem Ende auch in allem theologischen Engagement durchsetzte und seine eigentliche Gabe ausmachte. Sein natürliches, unmittelbares Sprechen kommt von daher.

Auch der *Pietismus* redet wieder die Sprache des Herzens, der innersten Gewißheit. Letzten Endes ist er Schlichtheit der Aussage, Bekundung, siegreiche Bejahung des Höchsten, des Heils Jesu, auch da, wo er theologisch arbeitet. Die Linie seiner Gotteszeugen wurde (S. 111 ff.) durchgeführt.

3. Zinzendorf (1700—1760)

Als ich hierüber nachdachte, habe ich den Bruder aus Herrnhut in einer gewissen Parallele zu Franz von Assisi neu erblickt. Auch er besaß diese herrliche Unbesorgtheit, Freudigkeit, Unmittelbarkeit, wie er zu Jesus stand, wie er zu den Geschwistern stand, wie er seine Gemeinde gestaltete, wie er auch Theologie betrieben hat. Er hat, erstaunlich für ihn, sogar ein theologisches Examen gemacht, um predigen zu können; aber er erlaubte sich, im Talar auf die Kanzel zu gehen und über dem Predigergewand ein Ordensband mit einem Stern zu tragen, eine Auszeichnung, die ihm als Reichsgrafen zuteil wurde. Es beweist seine Kindlichkeit, daß er solche Dinge ganz unabhängig von der feierlichen Tradition machte. Er hat das unbekümmerte Leben der Gottes- und Jesusliebe geführt. Auch im Umgang mit seinen Leuten wird das sichtbar. Als Reichsgraf beteiligte er sich an Geburtstagsständchen auf der Straße und sah ab von allen überlieferten, damals noch viel stärker vorhandenen Standesrücksichten. Das zeigt seine Herzenseinstellung.

Von seiner Gemeinde ging eine Eruption der Laien aus. In einem Ausbruch, wie dem eines Vulkans, der Steine und Feuer speit, hat diese kleine Gemeinschaft ihre Missionare in die ganze Welt ausgespien. Es waren Laien ohne Ausbildung, die einfach hinauszogen, zuerst nach Westindien und viele andere nach überall hin, den Leuten zu sagen, daß Jesus in die Welt gekommen und für die Sünder gestorben ist. Das Kreuz war ihre Botschaft. Das haben die Heiden verstanden. Die Missionare haben keine langen theologischen Anmarschwege gemacht, indem sie ihnen

a) erst einmal bewiesen, daß Gott der Schöpfer ist,
b) daß der Mensch ein Sünder ist,
c) daß man dafür Erlösung braucht,
d) daß Jesus der Erlöser war,

sondern sie haben einfach die Gnade Jesu in seinem liebenden Erbarmen angeboten und haben die Menschen gewonnen. Das war wie eine Blume, alles aus erster Hand, und diese Freudigkeit kam großenteils auch aus der nicht-theologistischen Einstellung, jener höheren Naivität, von der ich sprach. Zinzendorf wurde deshalb sowohl von den Orthodoxen als auch von den Hallenser Pietisten angegriffen. Letzteren war die ganze Sache zu fröhlich und zu unbesorgt. Ihnen schien zu oberflächlich, was in Wahrheit einem großen, tiefen Glauben entsprang.

Wohl hatte der Graf seine Erfahrungen mit den schwärmerischen Extravaganzen seines Sohnes Renatus zu machen und dabei den Wert gesunder Lehre und gesunden Lebens neu einzusehen. Aber die einmalige Kraft und die triumphale Ausbreitung dieser kleinen Gründung und Gruppe über den ganzen Erdball hin war dem ganz und gar unorthodoxen, unsystematischen Jesuswirken zu verdanken, das hier Raum hatte. Das Genie Zinzendorfs sprengte unbesorgt und gottgeführt das Übliche und Festgelegte. Gott benutzte das manchmal etwas exzentrische Naturell und die ungewöhnliche Begabung dieses Adligen, um von der Bibel her und von der alten, untheologischen Verfolgungstradition der mährischen Brüder her neue Gemeinsamkeit, neuen Missionssinn und neuen Blick auf Jesus zu schaffen.

4. Die missionierenden Erweckungsbewegungen des 18. und 19. Jahrhunderts und die Weltmission

Eine kurze Übersicht über diese Bewegungen habe ich in „Herausforderung an die Gemeinde", Seite 102—104 (siehe Literaturverzeichnis) gegeben.

In unserem Zusammenhang sei hier über sie allgemein folgendes gesagt:

a) *Der Durchbruch ins Freie,* in die Weite wurde hier vollzogen, der Innenraum der kirchlichen Gesichertheit verlassen. Es war höchst bedeutungsvoll, als im Februar 1739 *George Whitefield,* der nicht mehr in den Kirchen sprechen durfte, kurz entschlossen im Winter auf einem kleinen Hügel stehend den Kohlenarbeitern von Kingswood bei Bristol zum ersten Mal unter freiem Himmel predigte. Diese Bewegung wuchs schnell, so daß ihn in den nächsten Wochen bis zu 20 000 im Freien umgaben. *Wesley* hatte zuerst Bedenken, dies nachzumachen, er hat es dann doch getan. So traten die methodistischen Pfarrer aus der Sicherung der kirchlichen Anerkanntheit und Räume in die Ungesichertheit hinaus. Sie wurden mit Eiern und Mist und allem Möglichen beworfen. Niemand trat mehr für sie ein, wenn Störungen vorkamen. Sie brachten die erweckliche Botschaft auf einer Mauer, auf einer Kiste, auf einer Windmühlentreppe stehend, an irgendeinem Platz, erstaunlicherweise in der herkömmlichen Berufskleidung, im Talar; aber sie hatten trotzdem die echte Front beschritten. Dies bedeutete einen Ausbruch aus der ausschließlichen Lehrform der Kirche innerhalb der örtlichen Gemeinde. Das wurde später fortgesetzt, indem man etwa in Säle ging. *Moody* hat dann 1893 bei der großen Weltausstellung in Chicago einen Zirkus gemietet, auch *S. Keller* sprach im Zirkus Krone in München. Vollends den Schritt in die große Öffentlichkeit tun neuestens Männer wie *B. Graham, Leo Janz, Anton Schulte* und andere in Stadien und Massenzelten.

b) Der *Vernunftglaube* wurde durch erweckte Gruppen voll echten Lebens durchbrochen. Jene ersten Methodisten hatten es genau wie später die Neupietisten und heute evangelistische Arbeitsgruppen mit dem Rationalismus zu tun, mit der bloßen diesseitigen Welterklärung, die das alles für Überschwenglichkeit, Fanatismus und Geldmacherei erklärt. Aber damit war auch grundsätzlich jene Vernunftüberfremdung des Glaubens überwunden und niedergelegt, die großenteils von einer entsprechenden theologischen Wissenschaft herkam. Man hatte dieser Art von Beflissenheit den Abschied gegeben.

c) *Die Totalität der Schau und der Botschaft* von Himmel und Hölle, breitem und schmalem Weg, von wiedergeboren und nicht wiedergeboren, die Zweiteilung der Menschheit, daß es nur bei Jesus Heil gibt und man sonst verloren geht: diese Sicht hat die ganze, wohlgeordnete, ins System gegliederte, vernünftelnde, kirchliche Sprech- und Denkweise durchbrochen und macht dies bis heute. Auch uns tut diese Art Verkündigung immer wieder gut. Wir müssen den anderen Menschen aus unserem Leben und Erleben mit Christus das Heil bezeugen. Wir müssen in der theologischen Ausbildung, wie überhaupt in der Verkündigung, aus der Beleuchtung von Einzelheiten und Vordergründigkeiten herauskommen und das ins Auge fassen und weitersagen, wo es um die wirkliche, letzte Wahl, wo es auf Leben und Tod geht. Um die echte Wahrheit zu finden, braucht man eben die letzte, größte Wahrheit; man kann dies eben nicht mit einer Teilwahrheit erreichen, das ist heilsmäßig nicht möglich. Demgegenüber stoßen gerade wir Pfarrer erfahrungsgemäß vor lauter kirchlichen Sichtweisen und Aufgaben innerhalb der Gemeinden kaum mehr durch zu dieser letzten Entscheidungskraft und Vollmacht. Vor vielen Rücksichten und Bedenken wagen wir selten mehr den Durchbruch zu dieser Art Aktualität. Gerade richtige Evangelisationen geben uns darin eine große Hilfe. Die Hauptsache muß wieder zur Hauptsache gemacht werden, damit der Theologismus durchstoßen wird und man alles überbedenkliche, übernachdenkliche Wesen zu Gunsten einer Unmittelbarkeit aus und für Gott preisgeben kann.

d) Diese evangelistischen Eroberungen haben das echte *Geisteswehen* von oben gezeigt.

Ich habe in meinem Buch „Das evangelistische Wort" von dieser totalen Botschaft wie von ihren Wirkungen bis hin zu der Nähe des Himmels und der Realpräsenz Jesu in der Mitte der Gemeinde gesprochen. Es ergibt sich klar aus den Berichten, gerade aus Wesleys und Whitefields Tagebüchern, der tiefe Eindruck von Gottes Gegenwart und auch von der unbeschreiblichen Vollmacht dieser Boten, die die Leute einfach umwarf. Sie war alles andere als Theologismus. Hier war Gottes Wirken und nicht mehr die Theologie die Klammer um alles. Häufig ist bei Predigern und Pfarrern die Theologie die umfassende Instanz um ihr ganzes Tun, während hier Gott selbst in einer gesunden Weise in Aktion kam. Die eigentliche Hilfe gegen den Theologismus ist dieses geistliche Existieren, das Geisteswehen, die Gnade und Darreichung des Heiligen Geistes bis in unser Seelenleben hinein. Dadurch wird es von diesem ewigen Denkenmüssen erlöst, von diesem immerwährenden Drehen um sich selbst, wie es die Vernunft als gefallene Vernunft notwendig macht. Eine richtige Lehre und Praxis vom Heiligen Geist ist sehr notwendig selbst für die gläubigen Kreise, um den Theologismus auch in den eigenen Reihen zu überwinden.

e) In den genannten Vorgängen war die Schau vom *Reiche Gottes* deutlich. Keine vordergründigen, kirchlichen Zwecke, die gleich wieder in das theologistische Denken hineinführen, kamen hier zur Sprache, sondern es wurden in offener Feldschlacht, etwa an jenem denkwürdigen Tag auf den Moorfields bei London (Vgl. O. Riecker, „Ruf an alle — G. Whitefield", S. 203 ff.), die Götzendiener im Namen Jesu angegriffen. Whitefield hat dort in der Vollmacht Gottes Panier aufgeworfen und eine Art Krieg erklärt. Sein Text war: „Groß ist die Diana der Epheser" (Apg. 19, 28). Er hat den Rummel der Budenstadt, die ihn umgab, mit dem Treiben in Ephesus verglichen und dem gegenüber Jesus proklamiert. Er hat gegen alle Angriffe auch äußerlicher Art durchgehalten und ist von neuem hingegangen. Hier ging es um keine vordergründige Sicht mehr, sondern es ging um das Reich Gottes an diesen Menschen. Dreihundert von ihnen wurden in jenen fünf harten Tagen gewonnen. Sie kammen alle aus dem Schlamm von Ostlondon und waren nun errettet. Die missionarisch-verantwortliche Schau der Bibel, die die Heilige Schrift ganz durchzieht und die auch die Schau der wahren Kirche ist, kam in diesen Aktionen zur Entfaltung und Auswirkung.

f) Die echte erweckliche *Praxis* wurde hier geübt und auch verkündigt. Wir erleben es ja auch bei unseren missionarischen Vorstößen: Wenn man miteinander betet, mit den Menschen redet, sie auf den Herrn hinweist, auch für die Weiterarbeit besorgt ist, hat diese Praxis an sich schon eine befreiende Kraft. Auch für Bibelschüler oder Studenten wird Studentendenken abgelöst von dem lebensnahen, göttlichen Denken. Das rein denkerische Bewußtsein wird wieder korrigiert und entschränkt und erfrischt — in das echte Glauben hinein. Die übliche denkerische „in sich verharrende" reflektierende Gelehrtenhaltung wird durchbrochen, und wir werden von ihr gereinigt. Diese Reinigung und Befreiung setzt ein, wenn wir mit Menschen sprechen und ihnen den Herrn bezeugen.

g) Die *Konflikte* mit den Vertretern des Theologismus begleiten alle diese Menschen und Vorkommnisse. Hier stießen schon eh und je zwei Welten zusammen. Im kirchlichen Leben werden alle diese Gegebenheiten und ihr Gegensatz gerne nivelliert, verschmolzen, eingeebnet, entschärft, verharmlost und vernebelt, weil wir in unserer volkskirchlichen Struktur sehr schwer Unterschiedlichkeiten vertragen; es muß alles möglichst immer auf einem großen Haufen bleiben, und das grundsätzlich in der ganzen Denkweise. Hier stieß die vorwärtsmarschierende Welt des Evangeliums auf die retardierende, verhaltene, in sich ruhende, abwehrende Welt des Theologismus, egal ob es nun rationalistische Theologen waren, wie in Whitefields und Wesleys Tagen, oder liberale Theologen zur Zeit Schrenks und Kellers, oder existentialistische Theologen, die heute etwa die Arbeit Billy Grahams mit großen Fragezeichen versehen. Hierin zeigt sich ihr völliges Unverständnis für diese Vorgänge. Eigentlich müßte man von einem Theologen erwarten, daß er so etwas versteht, sich mindestens geschichtlich hineindenken kann; aber da sie ja selbst Partei genommen und sich entschlossen haben, so zu denken und zu handeln und so auch Jesus zu beurteilen, muß ihnen ein solcher Mensch wie Billy Graham ein Fragezeichen oder ein Irrsinn sein. In ihrer Beurteilung ist dann das Nachvorne-kommen reine Mache, seelische Massage und bewußte

Ausnutzung der schwachen seelischen Momente bei den Zuhörern.

Voreingenommenheit und das festgelegte Denken des Theologismus überrollen das Handeln Gottes und machen diese Menschen für solche Erfahrungen blind. Die „Dogmatik", die in dieser Hinsicht entwickelt wurde, wird durch die Wirklichkeit ad absurdum geführt. Wer der Wirklichkeit durch Theorien und Systeme Gewalt antut, ist kein Wissenschaftler, sondern ein Ideologe. Er wird der Sache niemals gerecht. Dagegen kann man sehen, daß Gott selbst den Dienst von Männern wie Billy Graham segnet und bestätigt. Es gibt bis heute und mehr denn je echte Evangelisationen und Missionen — trotz aller theologischer Verdächtigungen. Es ist bedenklich, wenn man sieht, wie versucht wird, solche missionarische Unternehmungen abzuwerten oder gar zu verhindern. Die Kirche lebt und stirbt mit dem missionarischen Dienst. Nur hieraus kommt ihre Erneuerung, nicht aus theologistischen Überlegungen.

5. Gruppenbewegung und Kommunitäten

Diese Bewegungen charakterisierte ich in „Herausforderung an die Gemeinde" (S. 104 ff., 109 f., vgl. Literaturverzeichnis). Hier ist der rein geistige Wert ebenfalls hinter dem geistlichen, konkreten Faktor zurückgetreten. Die charismatischen Vorgänge der Stille vor Gott, des Zeugnisses, der Seelsorge, der Bekehrung, der gemeinschaftlichen, liebenden Missionsarbeit werden real in den Vordergrund gestellt und in sie hinein die theologischen Betätigungen eingebettet. Gerade die Kommunitäten, die evangelischen Bruderschaften wirken auch in die Kirche hinein als Ausstrahlungspunkte echter Realität, weil man hier in einer großen Gemeinsamkeit versucht, Jesus auszuleben. Hier erliegt man nicht mehr so leicht dem Theologismus, hier existiert man aus der Bibel und liebt die Bibel, wie sie ist, und legt sie ihrem Sinn gemäß aus.

6. Die neueren Erweckungsbewegungen

Ich nenne hier Uganda und Indonesien; man kann auch noch andere anführen, wie Operation Mobilisation, neuerdings etwa Asbury und in gewisser Hinsicht die Jesus-People in den USA.

Das *„Jesus liebt dich"* der letzteren ist so unkompliziert und untheologisch wie möglich. Diese Bewegungen haben ja geradezu das Kennzeichen, daß bei ihnen die Gottesbegegnung wieder aus erster Hand schlicht und unmittelbar empfangen wird, nicht durch die denkerische Düse, nicht indirekt, auch nicht schwärmerisch, sondern eben direkt. Was heißt das?

a) Uganda und Indonesien haben diese göttliche Naivität (S. 138), diese erstaunliche Frische derer, die in Jesus stehen und glaubend mit Gott rechnen. Wenn man dies „kindlich" nennt, ist dies lediglich ein Vergleich.

Man kann es nur wahrnehmen oder selber haben und merkt dann den Abstand gegenüber einer bloßen Lehre über den Glauben. Das ist der Eindruck, wenn solch ein Asiate oder Afrikaner, wirklich ein Glaubensmensch, vor einem steht und er berichten kann: „Wir haben Gott ganz konkret erlebt, z. B. als wir unser Haus aufgeben mußten und ein neues suchten. Selbst wildfremde Menschen halfen uns" (siehe unten). Viele andere wunderbare Fügungen zeigen die Realität Gottes. Dies sind Vorgänge und keine bloßen Wahrheiten und Lehren. Sie haben Gott in ihrer Situation einfach beim Wort genommen, einfach geglaubt. Das ist schriftgemäß, also geistlich in Ordnung und sogar in Europa wieder häufiger geworden.

b) Die Erfahrung der Menschen in den genannten Bewegungen ist *real* und ihr Verhalten realistisch: die Gottesbegegnung, der Herr mit seinem Eingreifen trägt und ordnet die ganzen Verhältnisse. Also ist hier kein Problem zu sehen, sondern eine dankbar genommene Gabe.

c) Die Gottesbegegnung ist *unmittelbar,* ohne Schwärmerei, aber doch aktualisiert. Sie geschieht etwa durch Gebet um bestimmte Dinge, die im Glauben von Gott erbeten werden. Der Geist wirkt unmittelbar bei seinen Führungen und Weisungen, scheinbar in Zufälligkeiten. Unser Freund Josua Daniel berichtete uns von mancherlei Gebetserhörungen beim Aufbau ihres Missionswerkes in Indien. Sie waren auf der Suche nach Möbeln. Durch eine fremde Zeitungsanzeige kamen sie an einen Verkäufer. Er besorgte ihnen nicht nur die Möbel, sondern dazu noch das dringend benötigte Haus.

Gottes Führungen werden in solchen Alltäglichkeiten sichtbar. Das sind echte Vorgänge. Auch Heilungen auf Gebet hin schenkt Gott, d. h. Machterweise und Wunder. Diese sind eigentlich für den sachlichen Glauben nicht so wunderbar, wie bei den Theologisten. Bei letzteren wird ein Wunder in die Kategorie „außergewöhnlich", „kaum glaubhaft", „unmöglich" eingeordnet, während dem einfachen Glauben das Wunder wohl nicht alltäglich, aber auch wieder nicht so außerordentlich ist. Wenn es kommt, wird es dankbar genommen bis hin zu Heilungen. Die ganze neutestamentliche Wirklichkeit, die sowohl naiv wie real und unmittelbar ist, wird in diesen Bewegungen der Gegenwart wieder präsent und erfahren. Das papierene Leben aus zweiter Hand wird nüchtern und glaubensmäßig durch ein Leben aus erster Hand abgelöst, und das brauchen wir auch bei uns.

d) Gerade in Uganda und Indonesien wird eine *leidige Alternative* überwunden, die zwischen *theologistisch* und *schwärmerisch*. Mit Gott Erfahrungen zu machen oder von Gott zu reden, dafür scheint es in der Gegenwart manchmal nur diese beiden Möglichkeiten zu geben. Die eine ist gedanklich überfrachtet, die andere seelisch. Wie etwa in der Geistesgeschichte nach dem Rationalismus die Romantik kam, nach der gedanklichen Ausdörrung das gefühlsmäßige Erfülltsein, so scheint auch auf religiösem Gebiet in Europa gedankliche Ausdörrung oder seelische Überschwenglichkeit als Abfolge von geistigen Rückschlägen und Pendelbewegungen allein zur Wahl zu stehen. Es gibt aber eine dritte, bessere Möglichkeit (S. 147 f.). Ich habe sie durch die ganze Kirchengeschichte zu verfolgen versucht. Ich weiß nicht, wie ich sie nennen soll: Nüchternes pneumatisches Leben. Pneumatische Verwirklichung in der Gegenwart ist vielfach noch nicht so, wie sie sein sollte. Liegt das an der Mangelhaftigkeit und Sünde des Menschen überhaupt? Oder benötigt die Gemeinde Jesu noch mehr Zeit, um die richtige Sicht von diesen Dingen zu bekommen? — Wir brauchen jedenfalls eine Befreiung von der Überfremdung. Ich glaube, daß unter der Wucht der Tatsachen der Endzeit, die theologistische Art zu denken und zu lehren mehr und mehr einfach aussterben wird und daß man wirklich vom Denken über Gott loskommen kann zu dem Leben für und aus Gott.

III. Neuere Ausbildungsstätten

1. Ursprung aus der Erweckung

Die älteren und neueren Seminare, Bibelschulen, auch diakonischen Ausbildungsstätten sind wesentlich aus den obengenannten erwecklichen Bewegungen hervorgegangen. In Deutschland kamen sie zunächst aus dem Pietismus oder (im 19. Jahrhundert) aus dem evangelistischen Impuls, der von Finney, Moody u. a. ausging. *Finney* war an sich ein Gehilfe eines Rechtsanwaltes und *Moody* von Hause aus ein Schuhhändler, also Laien; beide waren mit einer erstaunlichen Predigtgabe und theologischen Fähigkeiten ausgestattet. Sie haben später theologische Ausbildungsstätten gegründet. Sie waren Menschen der ersten Hand, und aus dieser Haltung sind auch ihre Seminare erwachsen.

Was ist also von diesen Ausbildungsstätten zu sagen?

a) *Alle haben den geistlichen Ansatz.* Von Hause aus sind sie im geistlichen und erwecklichen Leben angesiedelt, im Gebet, im Glauben und in der Gemeinschaft, und nicht zuerst in der Theologie. Von dieser Einbettung der theologischen Arbeit in das Frömmigkeitsleben, wird noch ausführlich (S. 180 ff.) zu sprechen sein.

b) An sich haben alle Ausbildungsstätten, heute besonders die kirchlichen und diakonischen, aber auch die hier in Frage stehenden den Trend und die Neigung zur theologistischen Hochsteigerung. Oft ist dabei der menschliche Ehrgeiz beteiligt, es den Universitäten gleich zu tun, oft auch die scheinbare innere Logik einer Schule, nach immer besserer geistiger Vervollkommnung zu streben. Diese sei nicht von vornherein in Frage gestellt, kann aber nur unter Beibehaltung der primären geistlichen Werte erreicht werden. Wenn die Ausbildungsstätten ohne diese Verankerung der genannten Neigung nachgeben, wird ihr geistlicher Ansatz geschwächt und ihre Effektivität, ihre geistliche Wirkung beeinträchtigt.

c) Der *Wechsel der Leitung* führt häufig zum Rückgang. Wenn ein Lehrinstitut einen neuen Leiter erhält, ist es von größter Bedeutung, ob ein Mensch mit geistlicher Schau und Auffassung an die Stelle des bisher leitenden Mannes tritt, oder ob vor lauter Respektierung der geistigen Fähigkeiten bei der Auswahl in erster Linie die wissenschaftliche Eignung berücksichtigt wird. Diese Befähigung muß in entsprechendem Maß da sein, aber die geistliche Linie und Ausrüstung ist schon dem Ansatz nach, erst recht aber auch den praktischen Erfordernissen nach, das Notwendigste. Deshalb sind wir froh, wenn wir auch solche volltheologischen und zugleich geistlich wirksamen Ausbildungsstätten bekommen, aus denen ein Teil unserer Lehrer und Leiter hervorgehen kann.

d) Eine *großzügige theologische Haltung und Leistung* ist ja notwendig, um Menschen für ihren Dienst richtig zurüsten zu können. Ein Weitblick, so weit wie an den Universitäten, muß möglich sein. Dies macht, wie gesagt, die Mitarbeit auch volltheologisch ausgebildeter Lehrer immer wieder erwünscht, die nichttheologistisch und erwecklich denken. Hier haben fast alle Bibelschulen den Vorteil, daß häufig Menschen mit einem großen geistlichen und geistigen Horizont bei ihnen als Besucher aufkreuzen. Es sind Menschen der Front, die den Blick auf die Welt hinaus gerichtet haben und die z. T. namhafte große missionarische Bewegungen lenken. Manche Bibelschulen und Seminare haben zahlreiche ehemalige Schüler und Schülerinnen im Ausland, die dann die Heimat und auch ihre frühere Ausbildungsstätte wieder besuchen. Kleinkarierte Denkweise muß also nicht notwendig mit dem geistlichen Ansatz verbunden sein. Das größere Format kann so auch bei seminaristisch vorgebildeten Leitern und Lehrern vorhanden sein.

2. Geschichtliche Entstehung

a) Vom letzten Jahrhundert her hat der *Alt- und Neupietismus* seine Seminare; es sind die Ausbildungsstätten der Gemeinschaften und der Freikirchen.

b) Dazu kamen in der neueren Zeit die *Bibelschulen* und die entsprechenden Häuser und Seminare. Sie stellen in gewissem Sinn einen neuen Typ dar; irgendwie ist ihre Auffassung und ihr Leben beweglicher und lockerer im guten Sinne gegenüber der vielleicht etwas starren, manchmal auch zu theologistischen Denkweise, die im letzten Jahrhundert auch in den gläubigen Kreisen noch stärker vertreten war als heute. Sie haben leichter ihren Anteil an den lebendigen Fortschritten des Reiches Gottes und den neueren Erweckungsbewegungen (S. 163 f., 168—170). Sie können von daher freier und mobiler arbeiten, geschwisterlicher und liebend-verbindlicher im Aufbau und Zusammenleben. Sie versuchen hierin wenigstens etwas zu praktizieren, was ja im Grunde die gute Eigenschaft aller Seminare sein sollte und wohl auch immer mehr wird.

IV. Der missionarische Fundamentalismus

1. Geschichtlich

Über die Hälfte der gesamten gegenwärtigen und fast alle jüngeren, nach dem 2. Weltkrieg entstandenen Missionsgesellschaften stehen auf der „fundamentalistischen" Grundlage. Das ist auch bei den neueren Bibelschulen und ebenso bei der 1970 gegründeten Freien Evangelisch-Theologischen Akademie Basel, in der theologischen Arbeit des Rüstzentrums Krelingen und bei der 1974 entstandenen Freien Theologischen Fakultät Seeheim der Fall. Nach außen hin ist das ein Wahrzeichen dafür, daß hier ein echtes Anliegen bewußt und nachdrücklich wahrgenommen wird. In die Mission geht nur der, der Opfer bringen will. Wenn aus dem fundamentalistischen Bibelverständnis fast die ganzen neueren Missionsbewegungen hervorgegangen sind, ist das ein Beweis für die Fruchtbarkeit dieser biblischen Schau und für die mehr oder weniger große Unfruchtbarkeit der relativierenden und der kritizistischen Bibelbetrachtung.

2. Die Quelle: eine Gesamthaltung des Lebens

Die unbedingte Bejahung der Schrift wird aus einer Gesamthaltung heraus vollzogen. Missionen und Bibelschulen sind überzeugt von der göttlichen Offenbarung der Schrift. Das ist eine Bejahung glaubensmäßiger Art, ein Entschluß, den man beharrlich allen Einreden gegenüber festhält, weil man von seiner Richtigkeit und Fruchtbarkeit überzeugt ist. Es geht also nicht nur, wie viele meinen, darum, daß man in äußerlicher Weise auf die Zahl der Buchstaben in der Bibel schwört, sondern es ist eine Herzensangelegenheit, eine Herzenseinstellung dem Geist der Schrift gegenüber.

3. Die Quelle nicht Negativismus

In dem Lexikon „Religion in Geschichte und Gegenwart", 3. Auflage II 1179, wird in bezug auf den Fundamentalismus die Ansicht vertreten, es sei verständlich, daß dieser Gegenschlag dem allzugroßen und oft zu weitgehenden Kritizismus der Bibel gegenüber erfolgen mußte, aber sachlich berechtigt sei er nicht. Wir meinen, er ist nicht in erster Linie polemisch, d. h. kriegerisch, kontrovers, aus Reaktion kommend. Obwohl wir den anmaßenden Theologismus leidvoll empfinden, ist das Ja zur Bibel nicht von daher bestimmt, so als ob wir erst recht Ja sagten, weil die anderen weithin Nein sagen. Der Fundamentalismus ist auch nicht orthodox oder nur-orthodox, als ob wir nur aus einer gewissen theologischen Rechtgläubigkeit und Starrsinnigkeit heraus auf den Lehrsätzen beharrten. Damit wären wir ja auch wieder theologistisch. Er ist auch nicht statistisch in der Richtung, daß es uns um die Zahl der Worte alleine und um die Fragen ginge, ob sie inspiriert sind oder nicht. Das wäre wieder eine sehr statische Schau; statisch im Sinne von orthodox festgelegt, in sich ruhend.

4. Verhältnis der Theologie zur Schrift

Die Einsicht in das rechte Verhältnis der Theologie zur Schrift als des lebendigen Gottes lebendigen Wort wird zur Quelle der fundamentalistischen Haltung.

a) Weil wir das zu innerst eingesehen haben und weil sich dies bei der Bibellektüre und Bibelerklärung jeden Tag neu als richtig herausstellt, und weil dieses Verhältnis der Offenheit zum Herrn, des dankbaren Hörens auf die Schrift bei uns aktiviert und täglich neu in seiner Herrlichkeit erfahren wird, sind wir Fundamentalisten. Deshalb ist uns sowohl die gemäßigt-kritische, wie auch die radikal-kritische Stellungnahme zur Schrift innerlich unmöglich geworden. Wir können das nicht nachvollziehen; diese ganze Denkweise liegt außerhalb unserer inneren Möglichkeiten (vgl. „Der kritische Geist" in „Herausforderung an die Gemeinde" S. 58 f.; s. Lit.-Verz.). Ich möchte das absichtlich auf diese Gesamthaltung hinausführen. So wie der Theologismus eine Gesamthaltung dem religiösen Leben gegenüber ist, ist der Fundamentalismus eine *Gesamthaltung* aus Einsicht in das rechte Verhältnis der Schrift gegenüber und nicht nur eine Feststellung über ihre Einzelinhalte.

b) Selbst wenn der Bibel gegenüber einige Fragen offen bleiben müssen, ist das immer noch eine *bessere Lösung* als die gesamtkritische Haltung zu ihr. Nicht umsonst komme ich auf diese Haltungen zu sprechen, weil es im allgemeinen so scheint, als ob es sich bei der Textkritik nur um die Auffassung dieser oder jener Bibelstelle, um diese oder jene Quellenentscheidung oder theologische Einzelfrage handle. In Wahrheit aber ist es eben einfach entscheidend, ob wir uns der Bibel gegenüber zuerst kritisch oder zuerst glaubend verhalten, darum geht es uns.

c) Ich habe gelernt, daß die Bibel in sich selbst schon einen unendlich viel *größeren Wert* — im Vergleich mit unserer kleinen menschlichen Meinung von ihr — besitzt.

d) Es hat sich, weil sie eben *Gottes* Wort ist, *in der Praxis* als wunderbar hilfreich erwiesen — und darauf lege ich selbst den größten Wert — die Bibel ungebrochen als Gottes Wort zu nehmen, aus ihr heraus zu leben, ihre vom Geist bestätigten und uns zugesprochenen Verheißungen in Anspruch zu nehmen; dies kann man nicht tun mit der primär-kritischen Haltung ihr gegenüber.

e) Deshalb haben wir auch bei Gläubigen ein *Nein* zu einem reflektierten, kritischen Verhalten der Bibel gegenüber, weil es sie in der Praxis, in der Arbeit für Gott entscheidend *lähmt*, unfruchtbar macht; das Glaubensverhältnis wird intellektualisiert und seiner Unmittelbarkeit beraubt, die Gewißheit des Glaubens schwindet mehr oder weniger dahin, weil der Boden der Schrift verlassen wurde. Die Arbeit für Gott ist uns aber wichtiger als wissenschaftliche Meinungen.

f) Ich halte es für theologisch *legitim*, d. h. berechtigt und anerkannt, daß wir zuerst danach fragen, wie sich Gottes Willen ungeschwächt vollzieht und ungehindert, in vollem Maße bei uns zum Zuge kommen kann. Wenn ich die Erfahrung mache, daß das bei mir viel leichter und besser geht, weil ich ein volles Ja zur Bibel habe, dann habe ich eben ein volles Ja zur Bibel und entscheide mich auch aus geistlichen Gründen hierfür. Gott geht es in erster Linie darum, daß wir fruchtbar in seinem Dienste stehen und nicht darum, ob wir theologisch zu irgendeiner Formel oder Einsicht kommen. Dies scheint unwissenschaftlich, vielleicht auch pragmatisch, wie man sagt, als ob die Wahrheit etwa umgedreht und nach ihrer praktischen Verwendbarkeit beurteilt würde.

g) Aber so ist es nicht. Auch *in der Sache selber* hat Gottes Wort recht, und die vielen klugen Behauptungen über dieses Wort sind großenteils wohl klug, aber unhaltbar, als bloße Theorie dem Menschengeist entsprungen. Es wird schon jetzt (u. a. in der Zeitschrift „Bibel und Gemeinde") eine emsige Arbeit daran gewandt, um zu zeigen, daß es auch sachlich und nicht nur geistlich ungerechtfertigt ist, zu den kritizistischen Ergebnissen zu kommen und in dieser Weise mit der Bibel umzugehen.

Wenn aber geistlich und sachlich die Dinge so schief liegen, habe ich ein Nein für sie und entschließe mich zu einem anderen Verhalten aus Gehorsam gegen Gott, aus Frömmigkeit, möchte ich sagen.

5. Lebendiger und missionarischer Fundamentalismus

Auch hier geht es mir noch einmal um das Verhalten und nicht so sehr um die einzelnen theologischen Thesen, Behauptungen und Gegenbehauptungen, also weniger um den Inhalt; zwar sagt Jesus auch über den Inhalt, daß die Schrift nicht gebrochen werden kann (Joh. 10, 35) und daß kein Tüpfelchen von ihr hinfällt (Matth. 5, 18). Damit nimmt er die Bibel in Schutz gegen solche, die sie in Frage stellen. Aber es kommt mir hier auf den Hinweis an, daß die unbedingte Bejahung des Wortes Gottes gerade für die Arbeit in der Mission, daheim und draußen, eine ganz große Hilfe und eine unerläßliche Voraussetzung dafür ist, daß diese Arbeit richtig geschehen kann. Wir brauchen da ein lebendiges Verhältnis zum Worte Gottes, so, daß es lebendig in unser Herz kommt und darin wirkt. Wir erfahren ja in unserer Stillen Zeit, wie es sich uns erschließt und zum Sprechen kommt und uns mit seinem Wahrheitsgehalt anspricht und durchdringt. Es zeigt sich, wie die ganzen Zusagen des Wortes Gottes uns persönlich treffen und damit Gott selbst zu uns redet. Diese Art Schriftgebrauch ist die biblisch legitime; so sollen wir in lebendiger Weise auf dem Boden der Schrift, oder wie Schlatter sagte, unter der Schrift stehen, unter ihrer Regierung und Direktion. Das ist für die Gewinnung von Menschen unentbehrlich. Wir können diese Worte an der missionarischen Front nur mit Vollmacht bringen, wenn sie von uns selbst geglaubt und für bare Münze genommen werden. Sie können dort ihre wunderbare Durchschlagskraft nur entfalten, wenn wir ungebrochen zu ihnen stehen. Es ist eine große Gnade des Heiligen Geistes, wenn die von Gott inspirierte Schrift, die der Heilige Geist geschaffen hat, auch im Heiligen Geist weitergegeben wird und im Heiligen Geist bei den Menschen ankommt und des Heiligen Geistes Wirkungen und Früchte hervorbringt. Hierum geht es uns, das ist die eigentliche, richtige Verwendung der Schrift.

V. Die neueren Ausbildungsstätten als theologische Ansatzpunkte

1. Sie sind solche durch ihre *ungeschwächte Stellung zur Heiligen Schrift.*

Dies ist einfach eine Erfahrungstatsache. Erfahrungen können uns lehren, sie sind von Gott als Führung gegeben. Auch durch schlechte Erfahrungen will er uns gerade klug machen. So ist es eine Erfahrungstatsache, daß die geschwächte Stellung zur Heiligen Schrift auch eine geschwächte Stellung im ganzen Dienst für Jesus bedeutet. Aber wir wollen keine geschwächte Stellung im Dienst für Jesus. Darum ist eine Ausbildungsstätte, die ungebrochen auf der Schrift steht, von vornherein im Vorteil gegenüber der ganzen kritischen Ausbildungsart, die vorwiegend über unsere Theologen ergeht und ihnen zeitlebens einen gewissen Knacks versetzt. An einer Schule, die das Wort Gottes bejaht, läßt es sich viel leichter richtig studieren. Ein falscher Ansatz bringt falsche Wirkungen, ein richtiger Ansatz bringt richtige Wirkungen.

2. Hier wird entschlossen die *Theologie vom Glauben her* getrieben.

Aus Erfahrung heraus, aus der Konkretheit eines Glaubensverhältnisses zu Gott heraus wird gelehrt und nicht primär aus der wissenschaftlichen Sichtweise. Wir haben und treiben auch hier an unserer Schule gründlich Wissenschaft, aber mit innerlich festem Entschluß wird der Blickpunkt von Jesus her, vom Glauben her an alle Einzelheiten der Arbeit herangetragen. Man kann gerade Studium und persönlichen Glauben nicht voneinander trennen. Man darf das niemals trennen, es muß vielmehr fest ineinander verwoben sein. Aber wie oft wird es methodisch glatt getrennt! Bei einer Besprechung über den Substanzschwund der Kirche hat sogar ein positiver Professor gemeint, die theologische Arbeit gelte nur den geschichtlichen Außenseiten, das persönliche Glaubensverhältnis bleibe jedem einzelnen selbst überlassen. Wie kann man so etwas als glaubender Professor behaupten! Dies ist ein großer Irrtum, der sich bei den Studenten sehr schlecht auszahlen wird.

3. An diesen Unterrichtsstellen ist die theologische Arbeit *eingebettet in das Frömmigkeitsleben* (S. 180 ff.). Um hier nur eines zu nennen: Wenn wir hier missionieren, bringt das viele Spannungen für das Studium mit sich. Aber nach unserer Erfahrung ist das Studieren mit dem Missionieren so unzertrennlich verbunden; und es kann gar nicht anders sein, wenn es für Jesus fruchtbar sein soll, daß wir diese Spannungen hineinnehmen und ertragen. Im ganzen Leben gibt es die Spannung

zwischen dem Bedürfnis nach Studium und der Notwendigkeit zur missionarischen Arbeit, vollends auf dem Missionsfeld. Auch ich durchstehe diese Spannungen laufend als großes Leiden, aber auch als große Erprobung und Bewährungsstelle, als fruchtbare Spannung.

4. Diese Ausbildungsstätten sind nicht Lückenbüßer und Notbehelfe, sondern haben einen echten *selbständigen Auftrag*. Oft werden die seminaristisch ausgebildeten vollberuflichen Arbeiter für Gott als Schmalspurtheologen bezeichnet. Damit ist doch eine Geringschätzung verbunden. Oder es wird ausgesprochen, man benötige auch diese Leute, weil nicht genug Pfarrer vorhanden seien — wobei der stille Zusatz der ist: Wenn es aber deren genug gäbe, würde man sie freilich nicht bedürfen. Das ist eine durchaus falsche Sicht, und wir wollen uns auch selber nie in diesem Sinne als Schmalspurtheologen verstehen oder ein gewisses Minderwertigkeitsgefühl in unserer Arbeit haben. Auch wir an unserer Ausbildungsstätte sind keineswegs minderwertig etwa gegenüber den theologischen Fakultäten.

Von Gott her gesehen haben wir ein volles Recht, theologisch so zu arbeiten, wie wir es tun, und sind mindestens eine Ergänzung zur theologischen Universitätsausbildung. Die Pfarrer, die aus unseren Reihen hervorgehen, haben eine ganz notwendige, selbständige, andere Linie und Ausprägung in Parallele zu den an Universitäten ausgebildeten Pfarrern, eben weil sie diese andere Sicht mitbringen. Es wird wohl so kommen, daß sich noch immer mehr der geistliche Schwerpunkt von den Universitätsfakultäten auf diese biblisch ausgerichteten Ausbildungsstätten verlagern wird. Der Grund dafür ist, daß hier die Ansatzpunkte anderer Art sind: Gottes Wort ist Gottes Wort, Mission wird praktiziert, und es besteht an diesen Internaten eine enge Lebensgemeinschaft (S. 170 f., 190 f.). Diese stellt eine Grundzelle christlichen Daseins dar. Hier kann man lernen, wie Christen zusammenleben; dies kann man so an den Universitäten nicht lernen. Das sind lauter unbedingt wertvolle Ansatzpunkte dafür, wie man richtig theologisch arbeitet und studiert. Die Folge davon ist, daß die hier ausgebildeten Leute auch in der Praxis weiter kommen, soweit sie treu in Fruchtbarkeit für Gott, in erwecklicher Arbeit, in echtem Dienst für Jesus stehen. Wir auf den Bibelschulen sind in vielem nicht so verschroben wie die Studenten von den Universitäten, die sich erst mühsam aus ihrer Verschrobenheit herauslösen müssen, um den Gemeinden einigermaßen gerecht werden zu können. Das gilt dann nicht nur in Einzelheiten, sondern sie müssen sich auch grundsätzlich umstellen. Warum ist diese grundsätzliche Umstellung, eine Art Bekehrung wieder zur Gemeinde hin, nötig? Der Grund ist nicht nur der Übergang vom Studium in die Praxis. Vielmehr muß in der Art, wie studiert wird, ein Fehlansatz stecken.

5. Es ist eine *Korrektur des theologischen Lehrverfahrens* notwendig.

Wir bemühen uns herauszufinden, wie die richtige Art, Theologie zu treiben, aussieht. Sie wird hier unter günstigeren Umständen als andernorts entwickelt, und laufend wird noch dazugelernt. Unsere Ausbildungsstätte hier ist, wie ich schon oft sagte und mit Grund immer neu betone, aus einer Erweckung hervorgegangen und hat somit einen besonders günstigen Ausgangspunkt. Deshalb kann und soll sie einen Beitrag dazu liefern, wie junge Menschen richtig für die Arbeit im Reich Gottes zugerüstet werden. Wir haben manches (S. 180 ff.) radikal umgestellt und manches neu gewagt. Das hat sich reich ausgezahlt, indem sich bis zur Stunde in diesem Hause Menschen bekehren und andere eine neue Reinigung erfahren, durch unseren Dienst und durch das Zeugnis unserer Schüler. Es ist mir von Gott her immer der letzte Maßstab für die Bewertung einer Ausbildungsstätte, ob Menschen zum Glauben kommen. Was nützt alle gute Ausbildung, wenn es nicht zu Bekehrung und Wiedergeburt kommt, oder wenn sie gar noch dem göttlichen Wirken im Wege steht? Normal ist es, daß die Schüler die Ausbildung geistlich stärker, gekräftigter, vollmächtiger verlassen, als sie gekommen sind (vgl. „Mission oder Tod“, 2. Aufl., S. 36—59; „Herausforderung an die Gemeinde“, S. 71—97, s. Literaturverzeichnis).

M. Die Einbettung der theologischen Funktion in das Frömmigkeitsleben

I. Die Notwendigkeit der Einbettung

Wenn wir der theologistischen Vereinseitigung wirklich erfolgreich begegnen wollen, ist es neben einer Neugestaltung des Lehrverfahrens besonders notwendig, daß die ganze Ausbildung in das Frömmigkeitsleben eingebettet wird, also, um es im voraus kurz zu nennen, in Gebet, Gemeinschaft und praktischen Dienst.

1. Theologische Hilfen

Wir haben im bisherigen mehr die persönlich geistlichen und erkenntnismäßigen Gegengewichte gegen den Theologismus ins Auge gefaßt. Sie bestanden darin, daß wir die Einsicht bekamen, welch eine Hemmung diese Haltung im Dienste für Gott bedeutet. Wir stellten fest, daß wir mit einer *bewußten Umstellung*, mit einem Willensentschluß, mit einer Absage, mit einer „Bekehrung" uns davon lösen müssen. Wir müssen uns durch Jesus freimachen lassen zur richtigen Weise, ihm theologisch zu dienen.

2. Die praktischen Hilfen

Zu dieser Hilfe einer theologischen Umstellung gibt uns Gott noch praktische Korrekturen und Gesamtausrichtungen, etwa indem wir während des Studiums missionieren und dabei erleben, wie der Heilige Geist besonders am Werk ist; dadurch wird auch das Studium befruchtet und einer einseitigen theologischen Schau dauernd entgegengewirkt. Ebenso wird durch das Gebet und durch die christliche Gemeinschaft, in der wir leben, diese Schlagseite intellektualistischer Art verringert und ausgeglichen. Hier wird immerfort ein Gegeneinfluß ausgeübt. Weil wir an den Ausbildungsstätten laufend in der Gefahr stehen, nach dieser Seite hin abzurutschen, brauchen wir auch laufend eine praktische Korrektur. Es ist nun einmal so, daß nicht der gedankliche Entschluß und die geistige Einsicht die Entscheidung bringt, sondern die ausgeübte Tätigkeit. Im Reich Gottes geht es immer praktisch zu, und wenn wir beten, gemeinschaftlich leben, missionieren und den Menschen dienen, so ist das eine praktische Gegenmacht, keine ideelle. Gerade durch diese praktischen Betätigungen des geistlichen Lebens werden wir von Gott her in Ordnung gehalten und vor theoretischen Einseitigkeiten bewahrt. Daher sind sie unbedingt nötig, weil der intellektuelle Überhang dauernd durch die Gnade dieses Lebens abgebaut werden muß. Wir bekommen und behalten eine andere Gesamtmentalität gerade durch diese Ausübungen und durch die Einbettung in die Gemeinde. Hierdurch werden Überhänge ausgeglichen. Man kann ein Studium nur dadurch geistlich richtig machen, daß man normal (d. h. geistlich) lebt, nicht dadurch, daß man über das Normale nachdenkt. Erst wenn wir normal leben, geistlich richtig von Jesus her leben, können wir auch normal studieren.

II. Das Frömmigkeitsleben als wesentlicher Teil des Gottesverhältnisses

1. Der Begriff des Frömmigkeitslebens

a) Der positive Begriff von Frömmigkeit und Religion

Ich habe den Ausdruck „Frömmigkeitsleben“ festgelegt, weil ich keinen besseren fand. Ich habe lange für die Wirklichkeiten einen Namen gesucht, um die es sich hier handelt. *Spener* hat von der „praxis pietatis“ gesprochen, d. h. er meint die Betätigung der Frömmigkeit oder die Ausübung der Frömmigkeit, man könnte auch sagen, die Frömmigkeitsübung, die ausgeübte Religion. *Geert Groote* (1340—1384), der Gründer der Brüder vom gemeinsamen Leben, sprach von der „devotio moderna“; die „devotio“ meint wörtlich die betende, liebende Beugung vor Gott, die innige Hingabe an Gott als Kern dieses Verhaltens und dieser Übung.

Es war einerseits schwierig, überhaupt von Frömmigkeit zu sprechen, weil der Ausdruck *Frömmigkeit* genauso wie der Name Religion im Laufe der Zeit belastet wurde und weil solche Begriffe, die geschichtlich mit einem zweifelhaften Sinn versehen wurden, sich nicht so leicht für etwas Neues, Gutes verwenden lassen. Frömmigkeit klingt gerne an die katholische Frömmigkeit und Religiosität an, die ja in der Tat ihren Schwerpunkt im Frömmigkeitsleben hat. Dies gibt in der Praxis des Alltags der katholischen Kirche einen großen Vorsprung gegenüber unserer evangelischen, die genau besehen nur in geringerem Maße ein eigentliches Frömmigkeitsleben hat. Aber da das Frömmigkeitsleben vor Luther, das Klosterleben, das Beten, die Wallfahrten, der Gottesdienstbesuch, die Sakramentausübung, alle diese Verwirklichungen der Frömmigkeit, in starkem Maße werkheilig betrieben wurden, ist dieser Begriff, Frömmigkeitsübung, bei uns Evangelischen mit dem Beigeschmack der Werkgerechtigkeit behaftet.

Ebenso ist der Ausdruck *Religion* belastet, indem gerade *Karl Barth* Religion als sehr menschliche Anbiederung bei Gott versteht und diese liberale Religiosität bald in Parallele zur heidnischen Religiosität brachte, also gerade zu dem, was nicht Glaube ist, sondern eben rein menschliches Verhalten. Und doch hebt in der Sache selbst der Mißbrauch eines Namens den rechten Gebrauch nicht auf, und man findet oft keine andere Bezeichnung für die Sache. Man muß eben dann diese Ausdrücke nur mit dem rechten Gehalt ausfüllen. So ist Religion, das religiöse Verhalten wirklich das, was Kirche und Gemeinde praktisch wesentlich ausmacht. Das Wort und die Sache sagen, daß wir uns in einer theologischen Schule auf dem religiösen Gebiet bewegen und religiös ausgerichtet sind und nicht intellektuell oder kulturell oder ästhetisch, sondern eben religiös, was viele vergessen haben.

So ist es auch mit dem Begriff und der Realität der *Frömmigkeit*. Ohne echte, ausgeübte Frömmigkeit gibt es kein Glaubensleben. Daß wir zusammen beten, den Herrn lieben und versuchen, ihm nachzufolgen, diese täglich geübte Hingabe an ihn macht uns im praktischen Verhalten zu Christen. Nicht in erster Linie ideologische Gehalte, dogmatische Wahrheiten, Bücherweisheiten und alle diese Dinge, die bei uns gerne vornestehen, sind entscheidend. Unsere von Gott erfüllten Stunden bringen uns auch als Theologen vorwärts; die Nähe des Herrn ist das, was uns zu Theologen macht. Ein alter Theologenspruch hat wirklich seine Wahrheit: „pectus facit theologum", wörtlich übersetzt: „die Brust oder das Herz macht den Theologen." Die innere Überzeugung, das Stehen in Jesus macht uns zu Zeugen, nichts anderes. Dies bleibt auch für sämtliche Pfarrer und vollberufliche Arbeiter eine bindende Wahrheit. Ohne diesen pectus, ohne dieses Herz, ohne diese persönliche Hingabe ist man kein Theologe, sondern bestenfalls ein wissenschaftlich Gebildeter in Sachen „Religion". Wir behalten also doch den Ausdruck Frömmigkeitsleben bei und erfüllen ihn mit neuem, besserem biblischem Gehalt.

2. Das Frömmigkeitsleben im einzelnen

a) Wir können ein *persönliches* und ein *gemeindliches* Frömmigkeitsleben unterscheiden.

Unter allen *persönlichen* Lebensäußerungen, die das Gegengewicht zum Theologismus bilden, nenne ich vorab das *Gebet.* Dort ist die Stelle der Begegnung mit Gott, dort spricht der Herr mit uns und wir mit ihm. Das *persönliche Frömmigkeitsleben* ist also vor allen Dingen und zuerst ein Gebetsleben. Das wird aus Mangel an Zeit und auch aus intellektueller Überfremdung oft übersehen. Aber schon die praktische Erfahrung zeigt uns, daß man ohne tatsächlich getätigtes Gebet auf dem religiösen Gebiet eine Null ist. Alle Heiden wissen das. Jeder, der irgendwie der Gottheit nahen will, betet zu ihr. Das ist die allereinfachste und nächstliegende Form des Gottesverhältnisses.

Wir bringen dann noch die *Stille* über der *Bibel* hinzu, die betende Vertiefung in das Wort Gottes, aus dem heraus dann der Herr zu uns redet. Gerade als evangelische Christen ist uns die Bibel eine kostbare Quelle der göttlichen Mitteilung für uns selbst, wo Gott heute durch die geschichtliche Offenbarung von einst zu uns spricht. Dort begegnen wir in erster Linie Gott.

Aber dazu gehört dann auch die *Nachfolge,* die Hingabe und ein

Jüngerleben, das sich jetzt und hier in vollem Maße vollzieht. Ohne ein solches Leben kann man nicht mit Fruchtbarkeit Theologe sein, werden wir immer ein wirkungsloses Werkzeug bleiben. Ohne diese anbetende Zuwendung zum Herrn und ohne die Hingabe und Auslieferung unserer vollen Existenz geht es nicht. Nur um diesen ganzen Preis gibt es eine echte, ganze Dienstmöglichkeit. Das muß sehr betont werden gegenüber allen Versuchen, geistliche Dienste mehr ins Amtliche oder ins Intellektuelle oder ins Problematische zu verschieben. Das ist dann eine Entfremdung der Funktion, eine Verschiebung auf ein unsachgemäßes Gebiet. Diese Dinge können vielleicht Rahmen des eigentlichen Dienstes sein, aber niemals das Herz.

b) Wir kommen jetzt auf die *gemeinschaftliche* devotio, Frömmigkeitsübung bis hin zum Gottesdienst. Auch unser normaler kirchlicher Gottesdienst hat die Absicht, daß die ganze Gemeinde nicht nur eine Predigt intellektuell mitgeteilt bekommt und zur Kenntnis nimmt, sondern daß sie gemeinschaftlich Gott *anbetet* und in Lied, Gebet und heiligem Mahl ihre Hingabe bekundet. Auch in dieser Gemeinschaft untereinander soll das zum Ausdruck kommen, was sich in jeder echten Gruppe von Jesusjüngern vollzieht: Wir gehören um Jesus herum zusammen, und der Mann, der hier als Zeuge dient, ist nur ein Ausübender innerhalb des Ganzen, der einen besonderen Dienst zu dieser Stunde hat. Die in der Anbetung verwirklichte Gemeinschaft der mit Blut Erkauften ist das große Gnadengeschenk der Kirche Jesu. — Ebenso gehört das lebendige, gegenseitige, geschwisterliche Verhältnis in der Bruderliebe zu der Realisierung des Reiches Gottes heute und hier. Es muß immer wieder eine nähere Gemeinschaft unter irgendeiner Form als Gebetskreis oder als Bibelstundenkreis oder Jugendkreis dasein. Irgendwie wird auch in der volkskirchlichen Struktur eine echte Verbundenheit verwirklicht werden müssen, um in ihr fruchtbar theologisch dienen und arbeiten zu können. Sonst hängt man in der Luft.

Diese Gemeinschaft ist nicht nur da, um sich, wie die Bibel sagt, aufzubauen oder zu erbauen, also sich lebendig zu erhalten, sondern Christus hat sie gerufen zum *Dienst* am anderen, gerade auch untereinander in allen Liebesdiensten, in Diakonie und Seelsorge. Was wäre heute nötiger als die laufende persönliche

Säuberung von den alltäglichen Sünden! Nur durch Beichte und Zuspruch der Vergebung und Reinigung durch das Blut Jesu kann eine Gemeinschaft klar, sauber und dienstfähig bleiben.

Ebenso ist die *Mission* draußen und die evangelistische Wendung an Neulinge und Außenstehende in der Umwelt eine notwendige praxis pietatis für jede christliche Gruppe, auch für jede Bibelschule; hiervon gibt es keine Ausnahme. (Ich habe das in meiner Schrift: „Mission oder Tod" dargestellt; s. Literaturverzeichnis).

Alle diese Tätigkeiten sind das, was ich Frömmigkeitsleben nennen möchte. In diese Funktionen hinein gehört dann auch die theologische als Teilfunktion.

3. Die Abwertung des Frömmigkeitslebens

Das Frömmigkeitsleben wird häufig in falscher Weise abgewertet. In der Überschätzung der geistigen Werte, von der wir ja nun oft gesprochen haben, ist auch das Frömmigkeitsleben gerne als eine Sache *zweiten Ranges* behandelt worden. In uns steckt eine tief eingefleischte sündige Neigung, dem Dienen, der einfachen Handarbeit auszuweichen. Geistige Arbeit scheint uns wertvoller zu sein. Auch die Frömmigkeit gehört zu den verachteten Tugenden. Sie wird gern als niedrig und primitiv den einfachen Gemütern überlassen, während die gebildeteren, besseren Leute es eigentlich nicht nötig hätten, zu knien oder öffentlich zu beten oder ihre Sünden zu bekennen. Man bleibt lieber bei der gedanklichen Arbeit. Man weicht aus in das Ideologische. Der geistige Wahn hat sich hier in einer Verachtung der Frömmigkeitspraxis geäußert.

Häufig wurde die echte Frömmigkeitsübung als *Werkheiligkeit*, als bloßes Tun des Menschen bezeichnet, und dies gerade unter der Einwirkung der Barth'schen Schule. In einem Mißverstehen Barths hat man dann gesagt: „Gott allein muß es machen, wir Menschen können nichts dazutun." Das wird man häufig zu hören bekommen. Immer wenn man von der Bekehrung spricht, wird diese Antwort erfolgen: „Das kann nur Gott alleine machen, das läßt sich nicht inszenieren." Diese verdünnte Schau der menschlichen Beteiligung und des Inanspruchgenommenseins durch Gott ist auch wieder theologistisch und wirklichkeitsfremd. Das Frömmigkeitsleben ist keineswegs Werkheiligkeit; wenn wir beten und dienen, ist das eine normale Betätigung, und wehe uns, wenn wir es nicht machen! Aller Mißbrauch bei den Heiden mit Opferriten und Zeremonien und Beschwörungen kann uns nicht davon abbringen, in unserem Kreis den Hauptwert hierauf zu legen. Heiden und Katholiken können uns Evangelischen oft ein Vorbild darin sein, wie ernst sie es nehmen, sich Gott zu nahen, und welche Mühe sie sich geben mit ihren Wallfahrten und alledem, was sie unternehmen, um selig zu werden. Es ist oft eine allzu billige Art und Weise zu sagen, das sei Werkheiligkeit, und selber tut man überhaupt nichts mehr. Gerade bei uns Evangelischen ist das geistige Ablenkungsmanöver weit verbreitet, dadurch evangelisch sein zu wollen, daß man gerade kein Frömmigkeitsleben ausübt; dabei ist es doch auch für uns grundlegend! Wir müssen nur das, was menschlich falsch und einseitig betrieben wurde und wird, richtig gestalten.

Die Verkennung und Mißachtung getätigter Frömmigkeit ist eine Frucht des liberalen Intellektualismus und kommt nicht aus der Bibel. Von der Verweltlichung und Verflachung des Glaubenslebens her sind diese Dinge so eingeschätzt worden. Jeder, der sich bekehrt, wird sofort anfangen, zu beten und die Gemeinschaft mit anderen Gläubigen zu suchen, zu missionieren und dem Herrn zu dienen, auch mit den Händen. Dies gibt der Geist Gottes selbst als Frucht der Bekehrung, und dies wird auch das ganze Leben über so bleiben. Also liegt hier sogar ein Hauptschwerpunkt und muß auch die theologische Arbeit gerade da hineingebettet werden, anstatt daß das alles so beiseite gewischt und die theologische Ausbildung auf den rein intellektuellen Bezirk verschoben wird. Damit wird sie verdrängt aus dem Gebiet der Religion in einen fachfremden Bereich, eben mehr oder weniger in Philosophie, Soziologie und Psychologie. Aber noch immer lebte die Religion und die Kirche von den frommen Seelen, nicht von den Skeptikern.

III. Das Frömmigkeitsleben und der vollberufliche Arbeiter für Gott

Wir halten fest:

1. Auch die theologisch wissenschaftliche und praktische Arbeit muß *eingebettet* sein in Gebet, Hingabe, Jüngerleben, Liebe zu Jesus und Zeugnis für ihn. Stunden der Stille sind notwendig, sonst bleibt es auch in den Bibelschulen nur bei einer intellektuellen Kenntnisnahme der Dinge, womit wir Gott schänden und mißbrauchen.

2. Der Arbeiter für Gott ist *Objekt von Gott her.* Wir haben am Anfang (S. 66 ff.) davon gesprochen, daß Gott nicht unser Objekt werden kann. Er ist ein lebendiger Gott und kein Ding, dessen wir uns bemächtigen können. Nun ist die Kehrseite hiervon zu vermerken, daß *wir* das Objekt von Gott aus sind, der dauernd auf uns einwirkt, mit uns redet, uns korrigiert, uns in das Bild Jesu hineinverwandeln und zu gesegneten Arbeitern machen möchte — durch seinen Heiligen Geist. Diese dauernde Einwirkung Gottes macht uns zum richtigen Theologen. Dazu sind eben dann diese Stunden der Begegnung mit ihm, in der Stille, unter seinem Wort notwendig.

3. Ohne Frömmigkeitsleben haben wir kein wirkliches *Sachverständnis* auf religiösem Gebiet. Wie wollen wir über etwas reden, ohne es zu haben und darin zu leben? Wie wollen wir von Religion sprechen, ohne selbst religiös zu sein? Es liegt gerade im Wesen der Religion selber, daß man von ihr nicht distanziert sprechen kann, sondern nur so, daß man in sie selbst einbezogen ist. Nur auf diese Weise kann man überhaupt eine zutreffende Äußerung über sie (S. 76 f.; 133 f.) machen.

4. Dieses volle Frömmigkeitsleben ist nur den *Wiedergeborenen* möglich. Jesus sagt ja (Joh. 4, 21) im Blick auf sie: „Es kommt die Zeit, wo man Gott im Geist und in der Wahrheit anbeten wird"; wo die Frömmigkeitsübungen der gesetzlichen Juden und Samaritaner in einer echten Begegnung mit Gott korrigiert werden müssen. Wir sollen also diese Art Anbetung erst recht praktizieren und sie nicht in einer falschen, übergeistigen Weise als nebensächlich abtun. Wir wollen uns nicht zu gut dafür ach-

ten, treu zu sein in der Stille und in der gemeinsamen, auch knienden Anbetung. Diese Zeiten werden dann ausgefüllt sein durch reiche geistliche Beschenkung.

Aber selbst Menschen, die innerlich noch nicht so ganz auf diesem Boden der Wiedergeburt stehen können, haben ihren großen Segen, wenn sie in der Ausrichtung auf Jesus hin wirklich beten und ihm z. B. in der Kirche und in Jugendkreisen zu dienen versuchen. Wie viele haben schon den Weg zu Jesus dadurch gefunden, daß sie etwa eine Jungschar anfingen, sich hineinstellen und ihnen dann der Herr begegnet ist, mehr als auf dem Weg der Probleme und der geistigen Ringkämpfe.

IV. Die theologische Funktion als Teilfunktion der Gemeinde

1. Leib und Glieder

Das Bild des Leibes wird von Paulus oft (Röm. 12, 4—8; 1. Kor. 12, 12—30; Eph. 4, 4—16; Kol. 2, 19) gebraucht. Alle Stellen, die in der Schrift vielfach vorkommen, beweisen, daß die betreffenden biblischen Schriftsteller, als besonders wichtig, häufig davon in den Gemeinden sprachen. Paulus zählt hier (Röm. 12, 7; 1. Kor. 12, 28; Eph. 4, 11) als dienende Faktoren ausdrücklich die der Lehrer auf, aber nicht nur diese. Es gibt neben den Lehrern andere Aufträge, Ausübungen des Gottesverhältnisses, etwa Hirten, Regierer, Diener, Ermahner, also Seelsorger, Propheten, die die Zeit deuten, und auch die sogenannten einfachen Glieder, die nach Paulus gerne mißachtet wurden und die Gott besonders achtet (1. Kor. 12, 21—24). Die Griechen hatten den gleichen Erkenntnisfimmel, wie wir, und haben Sklaven und „Ungebildete“, die nicht geistig arbeiteten, gerne geringgeschätzt. Aber sie sind genau wie alle anderen Glieder am Leib notwendig. Jeder hat seine echte eigene Funktion. So im Rahmen des Ganzen auch der Lehrer, der Theologe, aber eben nur im Rahmen des Ganzen. Es handelt sich nur um *eine* Funktion unter den vielen anderen. Durch alle zusammen offenbart sich (Eph. 3, 10) die vielgestaltige (polypoikilos), viele Gestaltungen und Aufträge gebende Weisheit Gottes an seiner Gemeinde.

2. Praktischer, nicht ideeller Vollzug der Funktion

Nur wenn wir als theologische Arbeiter innerhalb der Gemeinde praktisch mitmachen, wird sich das Gesagte erfüllen. Ein Glied kann nur praktisch mitarbeiten, nicht ideell. Nicht indem wir ein Glied sein wollen, sondern indem wir es wirklich sind und miteinander zusammen eine Funktion ausüben, sind wir Glieder des Leibes.

Ich habe dies in der Einbettung meiner Arbeit in unsere Lebensgemeinschaft hier in A. schon sehr stark erfahren. Der Lebensstrom Jesu fließt dann durch uns hindurch, der den ganzen Leib belebt, und den man nicht für sich, den man nur im Leibe haben kann. Das Haupt, das die Glieder beseelt, muß eben alle Glieder gemeinsam mit seinen Anstößen versehen, und es gibt kein Gliedsein und kein Angestoßenwerden außerhalb des Leibes. Das ist das eigentliche Lebenselixier, auch das der theologischen Arbeit, die Wurzel der Produktivität. Was habe ich hier durch meine eigene Lehrtätigkeit schon an Anregungen bekommen, aber auch durch das Zusammenleben mit den Mitarbeitern und Schülern, indem ich ihre Anliegen und Nöte und Freuden zu den meinen machte! Wie erfüllt sich dieses mein Leben? Wenn ich eben ein Glied bin, ein Bruder. Und wenn solche Besucher wie G. Verwer, von Staden und P. Oktavianus zu uns kommen und die Frische, die Spontaneität des Reiches Gottes von außerhalb mitbringen, ist das für uns die Mitteilung, die Gnadengabe Jesu für unsere eigene geistliche Existenz jetzt und hier; ohne sie geht es nicht. Die herzliche Einheit mit Menschen einer anderen Rasse und Kultur ist ein wunderbares Wirken des Heiligen Geistes. Hier zeigt sich der Leib der Gemeinde in der ganzen Welt, dessen Gaben dann auch uns hier zuteilwerden und uns unseren inneren Fortschritt ermöglichen. Es kommt zum Austausch der Gaben von Gruppe zu Gruppe (vgl. „Herausforderung an die Gemeinde", S. 100ff.). So wie etwa unser Bruder P. einer befreundeten Bibelschule in der Schweiz seelsorgerlich mit seiner Gabe diente, haben uns solche Brüder hier gedient. Das ständige Nehmen und Geben hält uns frisch und jung. Dies erfordert Bescheidenheit, Offenheit und Lernbegier. Wer meint, er hätte die anderen nicht mehr nötig, irrt sich gewaltig. Im Gegenteil, gerade von den anderen kommt uns (unter Prüfung der Geister und bei Wahrung der eigenen Linie) die richtige Lebendigkeit immer neu zu. Das ist von Gott so gewollt für Gruppen und auch für den einzelnen Christen, gerade für den Lehrer.

V. Das Frömmigkeitsleben und die theologisch Arbeitenden

1. Der Student, der Missionsschüler

a) Wir können also ein fruchtbares Studium nur als Glied an einem konkreten Leibe vollziehen. Biblisch ist ein konkreter Leib eine örtliche *wirkliche Gemeinschaft*, eine Gruppe. Ob sie klein oder groß ist, sie muß vorhanden sein, und wir müssen in ihr praktisch, real Anteil haben und geben. Nur dann bekommen wir ein zutreffendes theologisches Urteil nicht nur über unsere Gemeinde, sondern überhaupt — über alles, was die Sache Jesu betrifft. Nur von da aus verstehen wir sie richtig, gewissermaßen wie wir nur von einem Blickpunkt, von einem hohen Turm aus die betreffende Aussicht haben können und nicht unten oder sonstwo.

b) Es gibt also *keine Privatexistenz* von jungen „Gottes-Studenten" irgendwo in der Stadt, in einem Zimmerchen, wie dies heute meistens als normal angesehen wird. Im Zusammenleben eine bessere Entfaltung christlicher Wirklichkeit zu ermöglichen, ist wohl mit der Sinn vieler Konvikte, Predigerseminare, Kollegien, Stifte für Theologen in beiden Konfessionen. Bonhoeffers „Gemeinsames Leben" wurde 1938 an einem Untergrund-Predigerseminar der Bekennenden Kirche geschrieben! Freilich steht in diesen Häusern ein überspitzter Theologismus dieser Entfaltung charismatischen Lebens häufig grundlegend im Wege, so daß es auch hier wieder zu Studienanstalten statt zu Lebensgemeinschaften kommt. Vielfach fehlt bei den Teilnehmern auch die Voraussetzung der Wiedergeburt. Die Lösung ist dann die, daß sich innerhalb dieser Internate mit ihrem mehr oder weniger geregelten christlichen Leben Zellen echter Gemeinschaft von geistlichen Menschen mit Gebet, Seelsorge, Studienarbeit und missionarischem Dienst bilden.

Verbindlicher Gemeinsamkeit und Zuordnung können auch *sonstige* studentische *Gruppen* biblischer Ausrichtung dienen. Ich selbst gehörte während meiner Studienzeit der aus erweckten Kreisen stammenden „Deutschen Christlichen Studentenvereinigung" (ähnlich der heutigen „Studentenmission in Deutschland") mit großem Gewinn an. Und dies, obwohl ich eigentlich nicht bekehrt war, die Gnade dieses Zusammenlebens bei häufigen Veranstaltungen und in Hauskreisen nur zum Teil begriff und gegen Schluß in Kreise dieser Gruppe kam, die stark der idealistischen Jugendbewegung geöffnet waren. Ich lernte aber, daß man als Einzelgänger nicht studieren kann.

2. Der theologische Lehrer

Auch der theologische Lehrer benötigt beides, die persönliche und die gemeindliche Frömmigkeitsübung.

a) Auch er kann nicht ohne *Gebet und Hingabe* und immer neue Aufopferung an Jesu Willen seinen Dienst tun. Er kann sich nicht freihalten von den eitlen Anwandlungen des Ehrgeizes und der Verblendung durch fremde Geister, wenn er nicht dauernd in der Nähe Jesu bleibt und sich dahin durchringt.

b) Auch der theologische Lehrer an Universitäten und Seminaren kann nicht existieren, ohne *Glied* an einem tätigen Leibe, in einer *aktiven Gruppe* zu sein und darin mitzuarbeiten. *Schlatter* hat in Tübingen beim CVJM mitgewirkt. Er hielt in seinem Haus offene Abende für Studenten, an denen man von ihm bewirtet wurde und wo man mit ihm Fragen besprechen konnte. Ich verstehe es jetzt besser, daß er als Lehrer eingebettet sein wollte in den Leib der Gemeinde. Er war gerade auch deshalb ein großer Theologe. Auch *Tholuck* war ein Studentenvater, der Seelsorger seiner jungen Leute, ein geübter Freund in Christus. Sie wollten als überzeugte Jünger dienen und aller Brüder sein.

c) *Keine Schreibtischprivatexistenz.* Wir theologischen Lehrer sitzen zwar an unseren Schreibtischen (das bringt unser Beruf mit sich), aber es ist ein Unterschied, ob wir nur dort sitzen oder ob ich auch im Gebetsraum und in der Gemeinde und in der

Mission zu finden bin. Dementsprechend wird auch meine Schreibtischarbeit werden. Die meisten brauchbaren theologischen Lehrer bekommen wichtige, geistliche Gedanken und Belehrungen für sich selbst und die Gemeinde nicht am Arbeitspult, sondern aus der erwecklichen Praxis und aus gelebter Bruderschaft.

3. Der Pfarrer als Glied der Gemeinschaft

a) Die Gemeindegruppen

Auch die Pfarrer und vollberuflichen Arbeiter für Gott sind nur als Teil an einem Ganzen fruchtbar. Sie können nicht isoliert leben. Sie brauchen Gemeindegruppen echter Art, die auch sie tragen: etwa ein Gebetskreis, den eigentlich jeder Pfarrer haben müßte, eine missionarische Mannschaft, eine Familien- und Ehegemeinschaft, die mehr ist als nur Tisch- und Versorgungseinheit. Ich habe schon oft mit Verwunderung gehört, daß viele gläubige Pfarrer keine Gebetsgemeinschaft mit ihrer Frau haben. Ich könnte mich, wenn ich das höre, auf den Kopf stellen, wie so etwas möglich ist. Es kommt von der Überschätzung der Theologie und von der Mißachtung dieser Dinge her, daß man die entscheidende Bedeutung des Gebets für den Dienst nicht erkennt. Auch Pfarrer benötigen wie die theologischen Lehrer Beichte und ihren Beichtvater, um von ihren Pfarrersnöten und -sünden loszukommen und immer neu fruchtbar zu werden. Sie benötigen die Stille vor Gott, nicht nur um die Predigt vorzubereiten, sondern zuerst und vor allem, um auch selbst dem Herrn zu begegnen.

So können wir als Pfarrer von Jesus her niemals nur ein hervorragender theologischer Fachmann sein. Auch die Prediger nicht, auch die Jugendarbeiter nicht. Sie alle sind im Eigentlichen keine Beamten, keine bezahlten Angestellten, sondern sie sind, wo es recht steht, ein Glied am Leibe Jesu mit ihrer besonderen lebendigen Funktion.

b) Die Schattenexistenz

Ohne Einbettung in eine tätige Gemeinschaft führen wir nur eine isolierte Existenz.

Wir sind dann eine Art *Gespenst*, das wohl menschenähnlich aussieht, aber blutleer und nur ein Schatten ist. Es besitzt kein wirkliches Leben, keine wahre Realität. Nur aus der Einbettung in persönliches und gemeinschaftliches Frömmigkeitsleben sind wir vollmächtige Zeugen und sonst eben ausgedörrte, schattenhafte Privatleute. Nach göttlichen Gesetzen kommt die Lebendigkeit von den Geschwistern her, aus der Gemeinschaft, nicht aus dem Intellekt.

Wenn wir diese entscheidende Einbettung nicht haben, müssen wir sie in *anderen Bereichen* suchen. Ein Mensch kann ja nie allein für sich sein und in der Luft hängen. Die vollberuflichen Arbeiter finden dann ihren Ausgangspunkt in der *Wissenschaftlichkeit*, in deren Begriffen, die sie vom Studium her haben, im rationalen Denken. Dies ist ihre Existenzgrundlage, aus der heraus sie ihre Entschließungen und Sichten fassen und ihre Lebensbefähigung zu finden meinen. Bei anderen ist es das *Amt*, das sie trägt. Dieses kann gewiß eine göttliche Funktion darstellen, auch das Neue Testament kennt besondere Ämter. Aber es ist ein Unterschied, ob es nur der institutionelle Ursprung ist, diese aus der Gesamtorganisation entspringende Beauftragung als Beamter und Bediensteter, von der wir herkommen, oder ob eine lebendige Gemeinschaft uns prägt und trägt und sendet.

VI. Zellenbildung als Voraussetzung und Ziel

1. Die Zelle als primärer Wert

Wenn die Bibelschüler irgendwo im Reich Gottes, in der Kirche, in einer Gemeinschaft, in einer Missionsarbeit ihre Dienste vom Herrn zugewiesen bekommen, müssen sie sich darüber klar sein, daß sie nichts ausrichten können, wenn sie nicht möglichst schnell eine Zelle anstreben, falls diese nicht schon da ist. Zu einer solchen Zelle gehört mindestens eine zweite Person, mit der man beten kann. Das ist meist nicht der Ehemann oder die Ehefrau, sondern ein Mensch von außerhalb. Dieser kann viel unbeteiligter, objektiver, in einem besseren polaren Verhältnis des Austausches innerhalb der Gesamtarbeit mit uns stehen, als der auf andere Weise uns zugeordnete Ehegatte. Wenn man das nicht tut, hängt man im Raum. Wo das aber geschenkt wird, ist der Anfang dazu gegeben, daß sich andere zum Gebet finden und sich in diese Zelle einfügen können. Gerade in der missionarischen Arbeit daheim und draußen ist eine Zelle vom Reich Gottes her gesehen *Grundvoraussetzung*, nicht nur das Predigen, nicht das Zeugnisgeben, nicht die Belehrung, wie der theologische Wahn immer meint. Nein, hier wird der fruchtbare Wachstumsansatz gegeben, bei dem etwas aufgehen und werden kann. Deshalb muß man die Zelle erbitten und anstreben und auch als Grundform gemeinsamer Tätigkeiten haben. Deswegen lieben wir es hier an der Bibelschule, wenn es geht, schon im Praktikum je zwei Brüder oder Schwestern zusammen auszuschicken. Jesus hat auch aus dieser Einsicht heraus seine Jünger je zwei und zwei gesandt, und eben nicht allein. Wenn Zinzendorf sagt, „Ich statuiere kein Christentum ohne Gemeinschaft", war das in dieser Richtung gemeint.

Ich kann nur als Glied einer Gemeinschaft existieren. Die Gemeinde Jesu war *früher da als ich.* Ich empfing den Glauben, meine Einzelexistenz in Jesus, nur durch sie. Auch weiterhin bekomme ich mein Leben als Glied an ihr. Der Heilige Geist kann nicht an ihre Stelle treten und sie ersetzen. Er wirkt gerade erst recht von der Gemeinschaft her und in ihr und für uns und aus ihr heraus; das habe ich alles erst lernen müssen.

Dies sind aber nicht nur bloße Formeln, sondern lebensnahe Gesetzmäßigkeiten. Wenn man ihnen gerecht wird und Gemeinschaft hält, ist die daraus folgende *Wirklichkeit* da; wenn man ihnen nicht entspricht, ist diese Realität nicht da. Sie wird dann nur gefordert, gewünscht, aber nicht erfahren. Gott ist zum Glück ein praktischer Gott; entweder gibt er etwas oder er gibt es nicht. Behauptungen und ideelle Gedanken zählen bei ihm gar nicht, sondern was sich im Reich Gottes vollzieht, das wiegt. Und so wiegt eben auch das Leben in der Gemeinschaft.

2. Gemeinde mit verbindlicher Struktur

Biblisch und gegen den Theologismus notwendig ist *Lebensgemeinschaft,* nicht nur Hörergemeinschaft oder ein Helferkreis unverbindlicher Art. Der Ausdruck *„verbindlich"* umreißt das

Entscheidende, das Typische. Die Glaubenspflege ist weithin unverbindlich und darum so theoretisch geworden. Auch in den „Gemeinschaften" ist leider oft ein unverbindlicher Hörerkreis zusammen, der sicher ein Interesse am Reich Gottes hat, vielleicht zusammen betet, aber um keinen Preis eine verbindliche gegenseitige Zuordnung sucht. Jeder wahrt da nicht nur auf dem Dorfe, sondern auch in der Stadt seine Privatexistenz. Ein Hauskreis wird daran leben oder sterben, ob er mehr ist als ein christlicher Interessentenkreis, der die Bibel studiert. Wichtig ist, ob man auch den Schritt zum Bruder macht. Das heißt praktisch:

a) Gegenseitige Verpflichtung der *Seelsorge,* Fürbitte und Mahnung. Die private Schutzhülle, die jeder so gerne um sich zieht und die ja eigentlich nur das Mittel ist, seine egoistischen Belange zu wahren, muß bei einer echten Gemeinschaft notwendig verletzt und aufgegeben werden. Die gegenseitige Verpflichtung geht bis dahin, daß man sich in die sogenannten Privatangelegenheiten des Partners und Bruders einmengt. Man ermahnt ihn, wenn er etwa eine Ehe schließen will, die nach unserer Meinung nicht geistlich ist. Hier sagt der bürgerliche Normalprotestant: „Bitte, Privatangelegenheit! Mischen Sie sich nicht in meine Sachen!" Von Gott her muß der Bruder notwendig wenigstens eine Kontrollfrage stellen: „Ist das auch geführt, ist das auch von Gott, was du da machst? Verwechselst du nicht deine Meinung mit der göttlichen Leitung?" Gerade in Liebesangelegenheiten, das wissen wir aus der Seelsorge, wird sehr häufig von vornherein die persönliche Zuneigung mit Gottes Wille zusammen gesehen und als Führung erklärt. Bei so persönlichen Angelegenheiten, wo man sich selbst so nahe steht, braucht man den Bruder, der die Dinge objektiv auch von Gott her deutlicher, geistlicher sieht. Man sollte ihn suchen und auf ihn hören und nicht erklären: „Gott sagt es mir." Eine Diskussion ist dann nicht mehr möglich. Dies wird häufig so gemacht mit der entscheidenden Konsequenz, daß Gott uns dann laufen läßt. Wenn wir den Bruder ablehnen, läßt er uns sehr oft so laufen. Die Korrektur durch den Bruder ist für einen Jünger eine höchst notwendige, existenznotwendige Sache gerade auch im Studium im Blick auf Charakterveranlagungen, schlechte Eigenschaften, in Versuchungen und Sünden.

b) Zur verbindlichen Gemeindestruktur gehört weiterhin *Offenheit* ohne Geheimpolitik und Hinten-herum-reden, die Einheit im Geist. Dieser Freimut wird in *Uganda* geübt; jene einfachen Menschen haben das Geheimnis einer für unsere Begriffe oft allzuweit gehenden Offenheit. Sie sprechen von den Sünden, die sie getan haben oder noch tun, auch in einer größeren Öffentlichkeit, was wir nicht unbedingt machen. Aber warum? „Ist der Ruf erst ruiniert, lebt man völlig ungeniert." Wenn wir unseren Ruf nach außen nicht mehr zu retten haben, wenn wir es gegebenenfalls auch *öffentlich zugeben, daß wir gefehlt haben,* hat Gott für uns eine große Gnade und Chance. Betrachten wir einmal genau dieses ganze Versteckspiel mit den Sünden, die Sorge, daß aus der Seelsorge ja, ja nichts hinausgetragen wird und daß die Leute ja nichts erfahren — steht nicht neben manchem Berechtigtem doch auch groß das Bestreben, daß die eigene Ehre ja nicht angekratzt werden soll? Man möchte in der Öffentlichkeit den Ehrenmann nach wie vor spielen können. Nur in dem Bereich wirklicher Offenheit ohne Bluff und Tarnung kann eine christliche Gruppe wirklich vorwärtskommen. Hier ist ein Radikalmittel gegen die Heuchelei theologischen Gebarens hin zur göttlichen Beugung und Demut des Sünderdaseins gegeben.

c) Eine verbindliche Gemeinschaft ist eine *Opfer- und Dienstgemeinschaft.* Gemeinsam bringt man in der missionarischen Arbeit Opfer an Zeit und Geld für Aussendung junger Menschen zum Dienst oder für die Vorbereitung und Durchführung von Tagungen. Unser Werk könnte gar nicht ohne die Schüler dienen. Wir sehen das bei jedem Glaubenstreffen, bei jeder größeren Freizeit, wo der einzelne ohne Ausnahme von Gott benötigt wird und seinen Dienst zu tun hat. Andererseits kann niemand existieren, ohne seine spezielle Funktion in der Gemeinschaft auszuüben. Nur so kann man als Schüler und Lehrer Gnade empfangen und zu den eigentlichen Erkenntnissen gelangen.

Das praktische *Opfer* ist laufend notwendig. Jesus verlangt das Äußerste, ein strapaziöses Dasein von uns, weil er bis zum Kreuze das gleiche strapaziöse Leben geführt hat und ein Urbild des opfernden Handelns ist. Auch als Studierender und Lehrer kann man gar nicht Jünger sein, ohne so zu leben. Welche

Christen führen denn heute noch ein opferreiches Leben? Nur ein solches Leben wird ernstgenommen.

Aber jenes bequeme, genießerische Privatleben so vieler Bürgerchristen ist ein abschreckendes Gegenbild vom Opfer. Die Kommunisten geben für ihre Idee weit mehr das Beispiel von Opferleben als wir. Schon die Nazis machten uns vor, was Opfer, Einsatz und Bekenntnis ist. Ich will beide nicht loben, aber ihr Verhalten kann uns von Gott her herausfordern, noch ganz anders in unseren Dienst hineinzusterben. Dann erfahren wir die Wahrheit des Wortes: „Als die Sterbenden, und siehe, wir leben." Durch dieses Sterben hindurch kommt das wahre Leben bis hinein ins körperliche Befinden. Man bleibt frisch und wird alt dabei.

N. Abschluß — Die wahre Produktivität

Wenn wir die geistige Arbeit, auch die theologische, ins Frömmigkeitsleben einbetten, sie von diesem durchdringen lassen, bleibt alles im Fluß, wird das Jesusjüngerleben echt und man kommt heraus aus aller Blutleere, aus allem Gespensterdasein christlicher Art. Man erfährt immer neu, daß Jesus eine herrliche Realität ist. Man kann sie nicht mit Händen greifen, aber es ist eine göttliche Wirklichkeit, beglückend und uns auch selbst fördernd. So werden auch die geistigen Werte richtig eingeordnet.

Sie haben eine echte geschöpfliche Würde. Meist jedoch werden sie zum Selbstdienst, zum Ichdienst mißbraucht. Wenn sie aber in die Hingabe an Jesus hineingenommen werden, bekommen sie ihre eigene, wunderbare Blüte und Produktivität (S. 57 f., 75 f.). Dann erlebt man im Grunde erst, was Gott mit der Schöpfung des Menschen wollte. Die persönlichen Begabungen können sich ungeahnt entwickeln und entfalten. Fähigkeiten, die schlummerten, werden wachgerüttelt. Vorhandene, natürliche Veranlagungen werden ausgebaut, und ein großes Maß geistlicher Befähigungen wird hinzugeschenkt. Man erlebt so eigentlich das, was die Künstler gerne hätten, aber aus dem eigenen kleinen Ansatz eines auf sich gestellten Künstlerlebens doch nicht fertig bekommen. Man erfährt mitten in allen Nöten die Produktivität des Heiligen Geistes. Wenn wir von Jesus her an den Menschen hinsterben, sind wir selber im Leben fruchtbar und vom Ich befreit. Da ist das Hauptproblem unseres Lebens gelöst.

O. Literaturverzeichnis

Vom Verfasser sind früher erschienen

1935 Das evangelistische Wort
Pneumatologie und Psychologie der evangelistischen Bewegung, Träger, Rede und Versammlung
1953 2. Auflage, Bertelsmann, Gütersloh (gekürzt)
1974 3. Auflage, Hänssler, Neuhausen-Stuttgart
1937 Die Wiedererweckung der Kirche
Von der innerkirchlichen zur missionarischen Haltung
Klotz, Leipzig
1939 Ruf zur Seelsorge
Klotz, Leipzig
1946 Der Ausweg aus der seelischen Not der Gegenwart
Berlin
1947 Die seelsorgerliche Begegnung
Bertelsmann, Gütersloh
1956 Illusion um Gott
Brockhaus, Wuppertal
1958 Erweckung heute und ihre Botschaft an uns
Brockhaus, Wuppertal
1961 Dänische Übersetzung

Im Buchhandel erhältlich

1974 Das evangelistische Wort (s. oben). 3. Auflage. Neudruck der 1. ungekürzten Auflage. Hänssler/Neuhausen/Stgt.
1962 Ruf an alle — George Whitefield
Brockhaus, Wuppertal
Paperback-Ausgabe Schriftenstelle Lebenszentrum
Eppingen-Adelshofen
1962 Liedersammlung „Jesu Name nie verklinget" Band I
1969 Band II
1974 Band III
Hänssler, Neuhausen-Stuttgart
1967 Erwecklich singen?
Wert und Bedeutung des erwecklichen Liedes
Frohe Botschaft im Lied, Wetzlar
1972 Herausforderung an die Gemeinde
Der erweckliche Geist und die Lebendigkeit der Gläubigen
Hänssler, Neuhausen-Stuttgart
TELOS-Bücher Nr. 1011

1968 Mission oder Tod
Ev. Gesellschaft für Deutschland, Wuppertal
1973 2. Auflage TELOS-Reihe
1971 Ruf aus Indonesien
Ansprachen von P. Oktavianus und Brüder Scheunemann
TELOS-Reihe Nr. 9
Hänssler, Neuhausen-Stuttgart
1972 2. Auflage
3. Auflage
1972 „Geschaffen aus dem Nichts"
Bildbericht über das Werden des Lebenszentrums
Adelshofen
Herausgeber: Otto Riecker — Kommunität Adelshofen
1974 Wie das Liederbuch „Jesu Name nie verklinget" entstand

Im Manuskript liegen vor:

Führung durch Gott, 180 S.

Die innere Geschichte der Kirche
Rückgänge und Einseitigkeiten, Anliegen und
Erneuerungsfaktoren der Kirchengeschichte, 735 S.
Kultur- und Weltgeschichte
aus christlicher Schau, 851 S.

Kleinere Schriften

Bei der Schriftenstelle des Lebenszentrums
Adelshofen, 7519 Eppingen, erhältlich:
1965 Vollberuflich für Jesus
1966 Theologismus und Pastorismus als
Hindernis der Erweckung und der Nacharbeit
und ihre Überwindung
1970 Wie behalten wir Anteil an der lebendigen Bewegung
des Reiches Gottes?
1971 Von der Kindlichkeit
1971 Konkreter Glaube
1971 Wunder heute
1972 Die göttliche Führung
1973 Angepaßtes Christentum
1973 Die große Scheidung
1973 Der Sinn des Lebens
1974 Der Leistungsstolz